Alles
in uns
schweige

Wolfram Nugel

Alles in uns schweige

Erfahrungen der Stille

Claudius Verlag

Die Deutsche Bibliothek – CIP-Einheitsaufnahme

Nugel, Wolfram:
Alles in uns schweige: Erfahrungen der Stille /
Wolfram Nugel. – 1. Aufl. – München: Claudius-Verl., 1999
ISBN 3-532-62232-7

1. Auflage 1999
© Claudius Verlag München
Umschlaggestaltung: Werner Richter
Herstellung: Dorothee Bauer
Druck: Buch- und Offsetdruckerei Sommer, Feuchtwangen

ISBN 3-532-62232-7

Einführung

»Alles in uns schweige!« Diese Aufforderung stammt aus einem Liedtext des Dichters und Mystikers Gerhard Teerstegen. *Alles* in uns soll schweigen. Nicht nur Geräusche oder Lärm sollen verstummen. Unser ganzes Wesen soll still werden. Teerstegens Lied beginnt mit den Worten: »Gott ist gegenwärtig.« Und unmittelbar darauf folgt dieser Wunsch: »Alles in uns schweige.« Weil Gott da ist, sollen wir Ruhe geben. Aus Ehrfurcht, aber auch um Gott wirken zu lassen und ihm Raum zu geben. Gegenwart Gottes und menschliches Schweigen hängen eng miteinander zusammen.

Zunächst ist es noch nichts spezifisch Religiöses, dass Stille und Schweigen eine besondere Bedeutung für unser

Leben haben. »Reden ist Silber, Schweigen ist Gold« sagt das Sprichwort. Still zu sein und nichts zu sagen ist manchmal besser als Reden.

Vermutlich macht jeder Mensch Erfahrungen im Schweigen, ohne dass er sich dessen bewusst ist. Viele von Ihnen kennen sicher die Situation, dass Sie auf dem Bett liegen und an die Decke starren oder am Fenster stehen und nach draußen sehen. Man weiß nicht recht, was man in dieser Zeit eigentlich denkt. Man ist sich seiner selbst nicht bewusst, aber irgend etwas Wichtiges vollzieht sich in dieser Zeit. Die Seele nimmt sich eine Auszeit. Unbewusst verarbeitet oder klärt sie etwas.

Bei Kindern beobachte ich diese »Tätigkeit« recht häufig. Kinder brauchen Freiräume, wo sie sich gedankenverloren mit etwas beschäftigen: Stereotyp sortieren sie Steine, füllen immer wieder den gleichen Eimer mit Sand oder beschäftigen sich einfach still. Im Religionsunterricht in der Grundschule lasse ich meine Schüler manchmal einfach eine halbe Stunde lang Mandalas malen. Dazu lasse ich ruhige Musik laufen. Die Kinder genießen das und es herrscht eine wunderbar ruhige und gelöste Atmosphäre.

Wir brauchen Räume und Phasen wo wir »nichts« tun, wo wir abschalten, schweigen und selbstvergessen sind. Häufig schaffen wir uns unbewusst solche Freiräume. Das Problem ist nur, dass diese Freiräume immer weniger und seltener werden, gerade bei Menschen, die Familie haben und zugleich berufstätig sind. Viele sind so beansprucht, dass sie sich des Bedürfnisses nach Stille gar nicht mehr bewusst werden. Wenn es dann still ist oder es nichts zu reden gibt, dann können viele nichts mehr mit sich anfangen. Die Stille wird dann quälend, bedrohlich und leer.

Die meditativen Techniken aller Religionen und Schulen knüpfen an unser Bedürfnis an und geben uns Methoden an die Hand, wie wir unseren Wunsch nach Ruhe und Schweigen befriedigen können, wie wir zu einem gefüllten Schweigen gelangen können und wie wir im Schweigen Gott begegnen können

Dazu bedarf es – obwohl es immer wieder überraschende und unvorbereitete Gottesbegegnungen gibt – der Übung. Gott ist kein »Gegenstand« wie andere in dieser Welt. Er steht hinter den Dingen und liegt zugleich quer zu ihnen. Er spricht durch die »Ritzen der Alltagswirklichkeit«. Wir müssen uns an diese besondere Wirklichkeit gewöhnen. Offenbar ist Stille eine bevorzugtes »Medium« für die Erfahrung der Wirklichkeit Gottes. Ein Medium, das zu verlieren wir Gefahr laufen – und darum ist es lohnend und wohltuend, Gott und damit die Mitte unseres Lebens in der Stille zu suchen.

Warum haben für mich Erfahrungen der Stille eine besondere Bedeutung? Warum meditiere ich regelmäßig? Ich tue das, weil ich dadurch innere Ruhe und Gelassenheit finde; ich tue das, weil ich darin Gott nahe komme und deshalb auch mir selbst näher komme.

Schon als Jugendlicher war ich angezogen von Menschen, deren Leben von Meditation geprägt war. Sie strahlten für mich eine besondere Ruhe und Gelassenheit aus; sie machten den Eindruck, als würden sie mit dem lieben Gott auf besonders gutem Fuß stehen und fest in sich selbst und im Glauben verwurzelt sein. Das faszinierte mich, und ich wollte auch so werden.

Meine ersten eigenen Erfahrungen waren demgegenüber eher ernüchternd. Mit siebzehn nahm ich an einem Workshop zur »Einführung in die Meditation« teil. An die genauen Anleitungen und Anweisungen kann ich mich nicht mehr erinnern. Ich weiß nur noch, dass ich in diesen 20 Minuten, die wir still meditieren sollten, sehr unruhig war – von Stille oder gar innerer Sammlung konnte überhaupt keine Rede sein.

Aber irgendwie ließ mich die ganze Sache nicht los; ich

hatte trotz des »Misserfolgs« eine Ahnung bekommen. Ich las Bücher über Mystik. Texte z.B. von Meister Eckhart, einem mittelalterlichen Mystiker, der über die »Gottesgeburt in der Seele« schreibt, begegneten mir und zogen mich magisch an. Ich suchte nach mehr. Ich begann, mich mit dem »Jesusgebet« zu beschäftigen: Zu Weihnachten bekam ich die »Aufrichtigen Erzählungen eines russischen Pilgers« geschenkt. In diesem Buch erzählt ein anonymer russisch-orthodoxer Pilger von seinen Erfahrungen mit dem Jesusgebet. Er sucht einen Weg, die Aufforderung des Apostels Paulus »Betet ohne Unterlass« (1. Thess. 5,17) zu verwirklichen. Auf seiner Suche begegnet er einem geistlichen Lehrmeister, der ihn im Herzensgebet unterrichtet: Mit jedem Atemzug soll er den Ruf »Herr Jesus Christus, erbarme dich meiner« beten. Er probiert das aus und erfährt, dass er diese Worte bald wie von selbst betet, dass es in ihm betet und er schließlich von diesem inneren Gebet immer mehr getragen und erfüllt wird. Ich war damals von dieser Schlichtheit und naiven Freude so angerührt, dass ich das Jesusgebet während der Busfahrt auf einem Schulausflug gleich ausprobierte und tatsächlich Freude und Beruhigung erlebte. Das war mein erstes positives Meditationserlebnis.

Zwischen Abitur und Theologiestudium verbrachte ich zwei Monate in einem Benediktinerkloster in Trier. Dort lebte ich als »Langzeitgast«, nahm an den Stundengebeten der Mönche teil und arbeitete jeden Tag einige Stunden im Garten oder im Haus. Einen großen Teil meiner Freizeit verbrachte ich mit Meditationsübungen. Ein »Übungsbuch zur Meditation« von Klemens Tilmann war mir dabei eine wichtige Hilfe. Besonders wertvoll war für mich die stille Zeit, die an jedem Werktag zwischen dem Mittagsgebet und dem Mittagessen stattfand. Ich zog mich in den Meditationsraum für die Gäste zurück und hatte dort immer wieder tiefe Erlebnisse von Ruhe, Geborgenheit und Gottesnähe. Es war das erste Mal, dass ich kontinuierlich meditierte, und darüber war ich sehr froh.

So versuchte ich, auch in den ersten Studiensemestern regelmäßig zu meditieren. In manchen Phasen konnte ich das gut durchhalten, manchmal fehlten mir aber auch Energie und Selbstdisziplin.

Ein »Gipfelerlebnis« war dann ein Besuch auf dem Berg Athos in Griechenland im Jahr 1987. Der Athos – eine autonome Mönchsrepublik – ist seit Jahrhunderten ein von fast jeder zivilisatorischen Entwicklung abgeschirmter Ort. Hat man als (männlicher!) Besucher die mühsame Genehmigungsprozedur hinter sich, so darf man vier bis fünf Tage lang auf dem Athos von Kloster zu Kloster wandern. In fast jedem Kloster wird man gastfreundlich aufgenommen und darf an den Gottesdiensten teilnehmen. Vor allem aber erfährt man die Atmosphäre ostkirchlicher Spiritualität, die sehr stark vom Jesusgebet geprägt ist. Denn seit dem Mittelalter ist der Athos der Ort des Jesusgebets. Das Licht, die Ruhe, das Meer, das Gebirge (die ganze Halbinsel läuft auf den 2500 Meter hohen Athosgipfel zu), die Klöster, die Ikonen, die Gottesdienste – alles scheint nur dazu da zu sein, den Gast in eine besondere Nähe zu Gott zu bringen. Und ich glaube, es war dieses »erhebende« Moment, das mich auf dem Athos besonders berührt und begeistert hat. Es war ein Gefühl, als würde ich emporgehoben werden, herausgehoben sein aus mir selbst und aus dem Gewöhnlichen. Ich war voll tiefer Freude, fast Euphorie. Besonders intensiv widerfuhr mir das in der Nähe des Klosters Simonos Petra. Dort soll – so las ich in einer Reisebeschreibung – einer der bedeutendsten Athosheiligen sein mystisches Erleuchtungserlebnis gehabt haben. Bei einer Höhle in der Nähe des Klosters hatte er das »Taborlicht« gesehen, das mystische Licht, in das Christus auf dem »Berg der Verklärung« getaucht war. (Die Verklärung Christi als Bild für die Erneuerung und Heilung unseres

Menschseins spielt in der orthodoxen Frömmigkeit eine große Rolle.) Ich machte mich vom Kloster auf, um diese Höhle zu suchen. Ich fand sie zwar nicht, aber ich hatte auf dieser kleinen Wanderung ein Gefühl von »Verklärung«. Ich wusste innerlich, was dieses »Taborlicht« war – eine Erfahrung von Licht, Freude und Befreiung, Offenheit und Durchlässigkeit.

Rückblickend würde ich diese Erfahrungen zwischen 17 und 23 als meine Startphase betrachten, als die Zeit der »ersten Liebe«. Die erste Liebe macht Geschmack auf mehr, sie bringt uns auf den Weg. Aber sie muss sich auch – wie in der Ehe – in der Normalität des Alltäglichen bewähren. Bei mir wurde gegen Ende des Studiums und in der Zeit des Berufseinstiegs der spirituelle Impuls immer schwächer. Ich war zu sehr mit Prüfungen und den ersten Berufserfahrungen beschäftigt. Mir blieben zwar die Sehnsucht und die Erinnerung an meine Erfahrungen. Doch zugleich entfremdete ich mich immer stärker und verlor den Kontakt zur Innenwelt immer mehr. Zwar machte ich immer wieder neue Anläufe in der Meditation, probierte verschiedenes aus, kam aber nicht recht weiter.

Erst vor einigen Jahren habe ich den spirituellen Impuls wieder bewusst aufgenommen und neu zu suchen begonnen, vielleicht auch ernsthafter und tiefer als zuvor. Ich fühlte mich in einer Sackgasse, unzufrieden mit mir und meinem Leben. Ich spürte, dass ich, wollte ich mich verändern und weiterentwickeln, einiges in meinem Leben würde umkrempeln müssen.

In dieser Phase hat mich die Meditation sehr getragen, vor allem in Stunden der Orientierungslosigkeit. Ohne sie hätte ich diesen Weg nicht gehen können. Wichtig waren für mich auch zwei meiner besten Freunde, die sich tiefer auf den spirituellen Weg gemacht hatten. Sie erzählten mir von ihren Erfahrungen. Dabei berichteten sie jedoch nicht nur von Ruhe und Freude, sondern auch von Schmerz,

Dunkel und Unerfülltsein. So machte ich mich wieder auf den Weg. Bald erlebte ich auch am eigenen Leibe, dass ich erst einen ganzen Berg von Verletzungen und Enttäuschungen würde abtragen müssen, um wieder zur Mitte, zum Kern zu kommen. Es ging nicht mehr so »easy« wie früher in der Studentenzeit. Ich konnte die großen Erlebnisse nicht mehr einfach reproduzieren. Zunächst begann ich wieder einiges auszuprobieren. Ich versuchte es erneut mit dem Herzensgebet und begann mich wieder an Anleitungen zu orientieren. Mir wurde klar, dass es nicht nur um kurzfristige Erfahrungen und Erlebnisse geht, sondern um die Einübung einer bestimmten Lebenshaltung, um Einübung in eine unmittelbare Wahrnehmung, in »Achtsamkeit« und einen liebevollen Umgang mit mir selbst.

Eine Art »Durchbruch« hatte ich, als ich den »ignatianischen Exerzitien« begegnete. Bei dieser Form der Betrachtung richtet man seine innere Aufmerksamkeit auf eine biblische Szene aus, häufig auf eine Szene aus dem Leben Christi. Dadurch kommt man ins Gespräch mit Gott oder Christus. Diese Form empfand ich als für mich passend, da sie Elemente der Anschauung, des Leerwerdens, des Gebets und der Reflexion verbindet. Dies motivierte mich, eine Fortbildung zum Exerzitienbegleiter zu beginnen.

Heute ist Meditation aus meinem Leben nicht mehr wegzudenken. Ich glaube zwar, dass Meditation nicht jedermanns Sache ist, bin aber überzeugt davon, dass viele Menschen durch regelmäßiges Meditieren zu einem bewussteren und gelasseneren Leben gelangen können. Mir hilft Meditieren beim Leben. Ich kann Spannungen besser aushalten und loslassen; ich kann mich leichter von unangenehmen Dingen distanzieren; ich kann persönliche Schwierigkeiten leichter bewältigen und ich weiß, dass ich eine Quelle der Ruhe und der Kraft im Hintergrund habe, weil ich immer wieder mit Gott, der Quelle meines Lebens in Verbindung kommen kann. Mit ihm kann ich in einen lebendigen Dialog treten und bisweilen ahne ich etwas von einem umfassenden Bewusstsein, von einem Eingebettet-Sein in ein großes Ganzes, von einem Leben im Mitgefühl mit allem, was lebt.

In diesem Buch sollen Übungen und praktische Tips im Vordergrund stehen Im Textteil werden – neben biblischen Texten – geistliche Schriftsteller, Lehrer und Meister aus Vergangenheit und Gegenwart zu Wort kommen.

Dennoch soll auch auf »Theorie« nicht ganz verzichtet werden. Im Schreiben dieses Buches ist mir aufgegangen, wie reich die christliche spirituelle Tradition ist. Darum will ich zunächst einige wichtige Stationen aus der Geschichte von Meditation und Mystik im Christentum beleuchten.

Wie reich unsere eigene spirituelle Tradition ist, wird uns Christinnen und Christen erst langsam wieder bewusst. Vieles davon ist in den letzten dreihundert Jahren in Vergessenheit geraten. Die moderne Psychologie sowie die Begegnung mit der östlichen Weisheits- und Meditationstradition haben uns im Westen wieder zur Frage nach unserer Seele geführt und begonnen, uns den Reichtum unserer eigenen Tradition zu erschließen. Darum soll im zweiten Abschnitt auch einiges über die Psychologie der Meditation sowie über Gemeinsamkeiten und Unterschiede von »christlicher« und »östlicher« Meditation gesagt werden.

Hinweise auf Meditations- und Einkehrhäuser sowie auf weiterführende Literatur schließen das Buch ab.

Kleine Geschichte
der christlichen Meditation

Näher zu Gott und so zu sich selbst kommen – Erfahrungen der Stille haben eine lange Tradition. Meditieren als »Sich-Versenken« ist eine sehr alte menschliche Kulturleistung. Die ältesten indischen Belege für Yoga-Meditation stammen aus der Zeit um 2500 v.Chr.

Auch die Wurzeln meditativer Techniken im Christentum reichen weit zurück. Christinnen und Christen sind heute dabei, diese reiche spirituelle Tradition wiederzuentdecken. Obwohl ich ausführlich und voller Interesse Theologie studiert habe, war mir vieles neu und unbekannt, als ich begann, mich mit der Geschichte christlicher Spiritualität zu befassen. Ich staune immer wieder, was es da alles zu entdecken gibt. Und ich kann nur sagen: Diese

Beschäftigung lohnt sich wirklich, ganz egal, ob man bei den Kirchenvätern, im Mittelalter oder bei den spanischen Mystikerinnen und Mystikern des 16. Jahrhunderts einsteigt.

Die Wurzeln im Alten und Neuen Testament

Die Geschichte christlicher Meditation beginnt da, wo Menschen zum ersten Mal nach bestimmten Regeln und Methoden meditieren. Das ist bei den »Wüstenvätern« im dritten Jahrhundert nach Christus der Fall.

Selbstverständlich reichen die Wurzeln der Meditation jedoch in die biblische Zeit zurück. Gottesbegegnung in der Stille war auch für die Menschen zur Zeit des Alten und Neuen Testaments eine wichtige Dimension ihres Glaubens.

Altes Testament
- Der Prophet Elia macht in der Stille eine außergewöhnliche Gotteserfahrung. Er begegnet Gott nicht in Gewittersturm und Erbeben, sondern er erkennt die Gegenwart Gottes an einem stillen, sanften Säuseln. Dies ist ein neuer Aspekt des Gottesbildes: Gott ist der »Stille und Sanfte«; das beinhaltet auch eine bibelinterne Kritik an einem Gottesbild, das den starken, zornigen Gott herausstellt, der sich in Verbindung mit spektakulären Naturschauspielen offenbart (vgl. 1. Kön. 19,1-13).
- Einzelne Textstellen im Alten Testament sprechen immer wieder vom »Stillesein« vor Gott als der angemessenen menschlichen Haltung. Dies zeigt zum Beispiel ein wichtiger Vers in der Geschichte vom Auszug des Volkes Israel aus Ägypten. Als auf einmal die Streitwagen der Ägypter sichtbar werden und das Volk Angst vor dieser gewaltigen Macht bekommt, sagt Mose: »Der

Herr wird für euch streiten und ihr werdet stille sein«
(2. Mose 14,14). Ähnlich lautet die Botschaft des Propheten Jesaja an die politischen Machthaber seiner Zeit.
Auch viele Stellen in den Psalmen laden zur Stille ein
(vgl. Textteil).

Neues Testament
Weder von Jesus noch von seinen Jüngern und auch nicht
von Paulus wissen wir, ob sie »meditiert« haben. Doch gerade Jesus hat die Stille immer gesucht; davon lesen wir an
verschiedenen Stellen in den Evangelien (zum Beispiel
Mt.14,13.23). Auch seine Jünger hat er gelegentlich in die
Stille geschickt. Bemerkenswert ist, dass Jesus nach seiner
Taufe 40 Tage in die Wüste geht. Er zieht sich zurück, um
seine Berufung zu finden und zu klären. Er muss sich seiner dunklen Seite stellen – in der Bibel wird diese durch
den »Teufel« versinnbildlicht –, bevor er seine Botschaft
vom nahen Reich Gottes verkünden kann. Auch der
Apostel Paulus hat sich unmittelbar nach seiner Berufung
zum Heidenapostel, die in Apostelgeschichte 9 geschildert
wird, in die Wüste zurückgezogen: Paulus erwähnt im Galaterbrief, er habe sich nach seiner Berufung mit niemand-
dem besprochen, sondern sei sogleich nach Arabien, also
in die Wüste, gegangen und dann erst nach Damaskus zu-
rückgekehrt .

Die wichtigsten *inhaltlichen Ansatzpunkte für innere oder meditative Gotteserfahrung im Neuen Testament* hat die spirituelle
Tradition der späteren Jahrhunderte immer wieder im
Johannesevangelium und bei *Paulus* gefunden.
• Das *Johannesevangelium* schildert und deutet Jesus mit
  Hilfe von Symbolen (Jesus als »Licht«, »Hirte«, »Wein-
  stock«, »Brot« etc.). Das lässt auf eine starke innere, mystische Verbundenheit des Autors mit Christus schließ-
  en. Er sieht Jesus Christus mit dem »inneren Auge«; Jesu

17

Christusmonogramm

Wirkung auf die Seele, auf das Innere des Menschen steht im Mittelpunkt des Evangeliums. Das eindrücklichste Beispiel dafür ist die Begegnung mit der samaritischen Frau in Johannes 4. Im Verlauf des Gesprächs sagt Jesus zu der Frau: »Wer von dem Wasser trinkt, das ich ihm gebe, wird nie mehr Durst haben; vielmehr wird das Wasser, das ich ihm geben werde, in ihm zur sprudelnden Quelle werden, deren Wasser ewiges Leben schenkt« (Vers 14). Die Begegnung mit Jesus und das Vertrauen zu ihm bedeuten Leben. Dieses Leben aktiviert unser eigenes Innenleben so sehr, dass in uns eine nie versiegende Quelle von Lebendigkeit erschlossen wird. Jesus hat eine gewaltige Kraft, die tief in unser Inneres hineinwirkt.

• Ähnlich sind die Erfahrungen, von denen *Paulus* redet. Paulus ist an vielen Stellen seiner Briefe ein tiefgründiger Mystiker, ein Mensch, der tiefe innere Gotteserfahrungen gemacht hat. Das wird z. B. im Galaterbrief deutlich, wo er sagt: »…nicht mehr ich lebe, sondern Christus lebt in mir« (Gal. 2,20). Paulus erfährt, dass er von etwas anderem getragen ist als von seinem kleinen Ich. Sein Denken und Fühlen wird aus einer anderen Quelle gespeist – eben von Christus. Dabei bleibt er dennoch er selbst; denn er redet ja weiterhin als Paulus und kann davon sprechen, dass Christus »in *mir* lebt«. Paulus beschreibt das Wunder der mystischen Vereinigung mit Christus, bei der das Ich jedoch nicht verschwindet und im Grenzenlosen aufgeht, sondern in der Verbindung mit Christus zu seiner eigentlich Würde und Kraft kommt.

Anfänge bei den Wüstenvätern

Die Worte *meditieren, Meditation* selbst begegnen in der christlichen Tradition erstmals in der Vulgata und in der Vetus Latina, den beiden lateinischen Bibelübersetzungen der frühen Kirche. Das lateinische Verb *meditari* wird an mehreren Stellen verwendet, um entsprechende hebräische oder griechische Verben zu übersetzen (z. B. Ps. 1,2; 1.Tim 4,15). *Meditari* bedeutet »etwas betrachten, üben, bedenken«.[1]

Die ersten christlichen »Meditierer« waren die *Wüstenväter* im dritten Jahrhundert. Diese Mönche lebten entweder als Einsiedler oder in klösterlichen Gemeinschaften. Sie waren Aussteiger aus der damaligen Gesellschaft. Das Christentum befand sich auf dem Weg zur Staatsreligion und die Kirche drohte immer mehr zu verweltlichen. Für viele, die von der Radikalität des Christentums erfasst waren, schien es nicht mehr möglich, unter solchen Bedingungen christlich zu leben. Deswegen zogen ab der Mitte des 3. Jahrhunderts immer mehr von ihnen in die Wüste (vor allem im ägyptischen Raum) und begannen, ein auf Gott ausgerichtetes Leben zu führen. Zu diesem Leben gehörte die Meditation. In der Regel des Pachomius, einer der ersten christliche Mönchsregeln, werden die Mönche immer wieder aufgefordert, permanent »etwas aus der Schrift zu meditieren«[2], auch während der Arbeit. Mit »meditieren« ist zunächst ein halblautes Zitieren oder Vor-Sich-Hinmurmeln gemeint, dann aber auch die innere Aneignung des Zitierten. Damit wird aus dem äußeren

1 Vgl. Gerhard Ruhbach: Meditation als Meditation der Heiligen Schrift, in: ders: Theologie und Spiritualität. Beiträge zur Gestaltwerdung des christlichen Glaubens, Göttingen, 1987, S. 140-154, besonders S. 144ff.
2 Zitiert nach G. Ruhbach, ebd.

Sprechen der Vorgang der Verinnerlichung, der dann fließend ins Gebet übergehen kann. Dieses Verständnis von Meditation bleibt für die ganze christliche Tradition bestimmend: *Meditation ist die intensive Beschäftigung mit einem äußeren »Gegenstand«, meistens mit einem Text aus der heiligen Schrift, die zu verinnerlichter Betrachtung führt und sich schließlich ganz vom Gegenstand lösen kann.*

Die Tendenz zur Verinnerlichung hat am stärksten der Mönch *Evagrius Pontikus* in seiner Schrift »Über das Gebet« ausgearbeitet. Er empfiehlt zum einen eine radikale Hingabe an das Gebet. Er schreibt: »Gib dich also entschlossen ganz dem Gebete hin. Achte dabei weder auf Sorgen noch auf andere Gedanken, die in dir aufsteigen, während du betest.«[3] Evagrius tendiert darüber hinaus stark zur Loslösung von jeglichem Gegenstand. Letzter Sinn des Gebets ist es für ihn, alle Begriffe und Vorstellungen, alle Bilder und Worte hinter sich zu lassen: »Halte deinen Geist überhaupt frei von jeglicher Form und nähere dich ohne jede Materie dem immateriellen Wesen, denn nur so wirst du es erkennen.«[4]

Auf dieser Grundlage entwickeln sich im Laufe der Kirchengeschichte die unterschiedlichen Formen und Ausprägungen von Meditation. Die Meditationspraxis der Wüstenväter setzt sich am unmittelbarsten im *ostkirchlichen Herzensgebet (Jesusgebet)* fort, das in der griechischen und russischen Kirche bis heute gepflegt und weitergegeben wird. Beim Üben des Herzensgebets wird ein Gebetswort, in der Regel »Herr Jesus Christus, Sohn Gottes, erbarme dich meiner«, unaufhörlich wiederholt. Dadurch wird eine

---

3 Kap. 9. Zitiert nach Willigis Jäger: Kontemplation – der mystische Gebetsweg der Christen, in: Peter Raab (Hrsg.): Meditieren – wie und wo? Ein Führer mit 500 Adressen von Lehrern, Häusern und Zentren, Freiburg 1995, 21–53, S. 34.
4 Kap. 66. Zitiert nach W. Jäger, ebd.

ununterbrochene, immer tiefer werdende Beziehung zu Christus begründet, die das ganze Sein durchzieht und prägt (vgl. die Anleitung im Übungsteil).

In der westlichen Kirche wurden die Impulse zur Meditation vor allem durch das *benediktinische Mönchtum* (ab 529) weitergetragen. »Meditation« wird jetzt eingegrenzt auf die speziellen Gebetszeiten der Mönche. Arbeit und Gebet werden – im Gegensatz zu den ersten Mönchen – unterschieden (»ora et labora« – »bete und arbeite«). Andererseits wird der Begriff der Meditation bis an seine Grenzen ausgedehnt. *Meditatio* wird immer mehr ein Oberbegriff für die Lebensweise der Mönche als Ganzes und schließlich ein Synonym für die klösterliche Lebenshaltung.

Mittelalterliche Mystik – Bernhard von Clairvaux und Meister Eckhart

Neue Impulse werden dann erst wieder durch den Einfluss der *mittelalterlichen Scholastik und der Mystik* gesetzt.

Die *Scholastik*, die sich ab dem 11. Jahrhundert durchsetzte, war die erste wissenschaftliche, also systematisch reflektierende Theologie. Die Scholastiker brachten, vereinfacht gesagt, alles Wissen in ein System und versuchten jede Aussage über Gott mit Argumenten der Vernunft, aus der Bibel oder aus der Tradition der Kirche zu begründen und abzusichern. Auch die im Lauf der Jahrhunderte vor allem in den Klöstern gewachsene Spiritualität und Meditationspraxis wurde systematisiert. So wurde zum Beispiel eine Unterscheidung eingeführt, die bis heute prägend geblieben ist, nämlich die Unterscheidung von *meditatio* und *contemplatio*, die auf den französischen Theologen Hugo von St. Victor (1097-1141) zurückgeht. Die *meditatio* ist demnach das eher reflektierende, mit Gedanken und Vorstellungen arbeitende Betrachten eines Gegenstandes, während *contemplatio* das unmittelbare Erleben Gottes ist. »Meditation« ist damit nur ein Teil eines Vorgangs, der aus mehreren Stufen besteht und zum höchsten Ziel die Kontemplation hat.

Unter dem Einfluss der *mittelalterlichen Mystik* erlebt die christliche Meditation, vor allem die Schilderung und Reflexion der kontemplativen Gotteserfahrungen, einen gewaltigen Aufschwung. Das Wort »Mystik« geht auf das griechische Verb *myein* zurück: »die Augen schließen, schweigen«. Es meint eine Gotteserfahrung, die im Schweigen, in der Versenkung geschieht. Das zweite griechische Wort, das in den Begriff »Mystik« mithineinspielt, ist *mysterion*: Geheimnis. Die mystischen Tiefenerfahrungen haben immer auch etwas Geheimnisvolles, Fremdartiges und Dunkles an sich. Mystische Theologie, also Theologie, die sich aus einer mystischen Gotteserfahrung speist, gibt es seit der Zeit der frühen Kirche. Neu ist im Mittelalter, dass die mystische Theologie nun auch, unter dem Einfluss der Scholastik, systematisch ausgearbeitet wird, zum Beispiel in langen Stufenleitern des Aufstiegs zu Gott. So schildert der Franziskaner *Bonaventura* (1221-1274) in seinem »Pilgerbuch der Seele zu Gott« den inneren Aufstieg zu Gott, der bei Gottes Spuren in der Schöpfung beginnt, über die Betrachtung der Namen Gottes führt und in der Betrachtung seiner Dreifaltigkeit seinen Höhepunkt findet.

Aus der unendlichen Fülle der mittelalterlichen Mystik greife ich zwei Vertreter heraus: Bernhard von Clairvaux und Meister Eckhart. Beide könnten als Charaktere und in der Art ihrer Mystik nicht gegensätzlicher sein. Darin repräsentieren sie auch zwei grundsätzlich unterschiedliche Typen von Mystik. Bernhard von Clairvaux steht für eine »positive« Liebes- oder Vereinigungsmystik, während Meister Eckhart eine »negative« Mystik des radikalen Loslassens lehrt.

Bernhard von Clairvaux (1091-1153) war ein bedeutender Kirchenreformer und die einflussreichste religiöse Persönlichkeit seiner Zeit. Bernhard war tief in die Machtspiele der mittelalterlichen Kirche verstrickt. Der zweite Kreuzzug (1147-1149) ging auf sein Betreiben zurück. Er muss ein faszinierender Prediger gewesen sein, der die Menschen mitreißen konnte. Auf dem Gebiet der Mystik bestand seine Leistung unter anderem darin, dass er die Bilder und Vorstellungen der erotischen Liebe, speziell die der mittelalterlichen »Minne«, aufnahm und mit ihrer Hilfe die Bewegung der Liebe Gottes zu den Menschen ausdrückte. Dabei griff er gerne auf das »Hohelied Salomos« (eine Sammlung von sinnenfrohen Liebesliedern im Alten Testament) zurück: Den Hohenliedvers 2,8: »Horch! Mein Geliebter! Siehe, er kommt und springt über die Berge!« legt er so aus: »Malen wir uns das in einem Bild so aus: Ein großer Mann, ein Mensch mit der Gestalt eines Riesen, glüht vor Liebe zu einer armen kleinen Frau. Und stellen wir uns vor, dass sie von ihm fortgelaufen ist. Er läuft hinter ihr her, möchte wieder in ihren Armen liegen. Er springt über Berge und Hügel.«[5] Gott ist also der Liebhaber, der Bräutigam. Die menschliche Seele ist seine Geliebte und Braut. Der Inhalt der mystischen Theologie Bernhards ist die »Liebesaffäre« zwischen Gott und der menschlichen Seele. Gott versucht alles, um die menschliche Seele, die sich von ihm abgewandt hat, wieder für sich zu gewinnen. Er ist ein enttäuschter Liebhaber, der dennoch vor Begierde und Sehnsucht brennt: »So ging Gott ins Fleisch ein. Er erwies sich als derart liebenswürdig, dass er uns jene größte Art der Liebe erwies, die von nieman-

---

5 Cant. 53,3. Zitiert nach: Bernhardin Schellenberger: Die Liebesmystik von Bernhard von Clairvaux, dargestellt auf dem Hintergrund der höfischen Liebe des 12. Jahrhunderts, in: W. Böhme, J. Sudbrack (Hrsg.): Der Christ von morgen – ein Mystiker, Würzburg, Stuttgart 1989, 27-51, S. 30

dem übertroffen werden kann: die Liebe, sein Leben für uns hinzugeben (Joh.15,13). So trunken war er vom Wein seiner Liebe, dass er ganz seine Größe vergaß...«[6]

Gewinnt Gott schließlich die Seele für sich, so wird er mit ihr eins. Der Mensch erlebt dieses Einswerden als überraschende, unvorhersehbare »Besuche« Gottes. Sie sind nicht zu erzwingen, sondern stellen sich einfach ein. Man kann sich nur durch Einübung, Gebet, Demut und geistliche Lektüre auf diese Begegnungen vorbereiten. Bernhard beschreibt diese Begegnungen als ekstatische Erlebnisse, obwohl sie von keinerlei spektakulären Begleitumständen umgeben sind. Es handelt sich um Erlebnisse vollkommener Liebe und Einheit. In diesem Einswerden mit Gott verliert der Mensch jedoch nicht sein Ich. Vielmehr wird das Ich in diesen mystischen Erfahrungen als Ganzheit, als Einheit erlebt – so wirklich und so echt wie nie zuvor. Die »mystische Ekstase« hebt nicht ab, sondern – das ist ein Erkennungszeichen jeder echten Mystik – sie führt zurück in den Alltag, in das ganz normale Leben mit anderen und für andere Menschen.

Dasselbe Ziel verfolgt auch die *Mystik Meister Eckharts*. Und doch klingt bei ihm alles ganz anders als bei Bernhard.

Im Gegensatz zu Bernhard, der immer wieder das Begehren, das Verlangen, die Sehnsucht betont, fordert Eckhart (1260-1328) ständig dazu auf, alles Begehren, alle Sehnsucht, alle Bilder zu lassen. »Je mehr man dich (Gott) sucht, um so weniger findet man dich. Du sollst ihn suchen so, dass du ihn nirgends findest. Suchst du ihn nicht, so findest du ihn«.[7] Man kann Gott also nicht aktiv suchen. Schon dass wir ihn angemessen suchen können, ist ein

6   Div. 29, 2-3. Zitiert nach Schellenberger, a.a.O., S. 38.
7   DW I, 253,6ff. Zit. nach W. Jäger, a.a.O., S. 36.

Geschenk. Gott angemessen zu suchen heißt paradoxerweise, ihn nicht zu suchen; denn wenn wir ihn suchen, fixieren wir unseren Willen oder unseren Verstand wieder auf etwas. Mit einem Gegenstand oder einer Idee aber kann Gott nicht identisch sein, da er jenseits von allem steht. Darum ist die einzige Möglichkeit, uns auf Gott einzustellen, dass wir leer werden und nichts suchen. Der Weg dorthin führt über Ruhe und Sammlung des Bewusstseins.

Das Schlüsselwort für Meister Eckhart ist die *Abgeschiedenheit*. Sie ist absolute Passivität, absolutes Nicht-Tun: Wer abgeschieden ist, betet nicht einmal mehr. Eckhart schreibt: »Abgeschiedene Lauterkeit kann nicht beten, denn wer betet, der begehrt etwas von Gott, das ihm zuteil werden solle, oder aber begehrt, dass ihm Gott etwas abnehme. Nun begehrt das abgeschiedene Herz gar nichts, es hat auch gar nichts, von dem es gern frei wäre. Deshalb steht es ledig allen Gebets und sein Gebet ist nichts anderes als einförmig zu sein mit Gott.«[8] Solange wir immer noch mit »Etwas« beschäftigt sind, kann Gott nicht bei uns eintreten. Erst wenn wir uns mit »Nichts« beschäftigen, kann Gott kommen. Dann kann Gott in der Seele geboren werden. Und wenn Gott in der Seele geboren wird, dann ist das eine Neugeburt, die Erfahrung einer neuen Unmittelbarkeit, einer neuen Lebensqualität.

Geht es bei Bernhard um die unendliche Nähe Gottes zu uns Menschen, um die Nähe Gottes, die so groß ist, dass seine Liebe allumfassend und unendlich ist, so geht es bei Eckhart um die unendliche Distanz zwischen Gott und Mensch. Erst wenn alles Menschliche verstummt und zurücktritt, erst wenn auch alle Vorstellungen von Gott, die wir in unseren Köpfen und Herzen haben, alle Pro-

8   Zitiert nach: Meister Eckhart. Hrsg., eingel. und zum Teil übers. von Diethmar Mieth, Walter Verlag Olten 1979, S. 94.

jektionen und Wunschbilder zurücktreten, hat Gott überhaupt eine Chance sich zu melden. Erst dann empfangen wir ein neues Leben, das wir nicht mehr selbst kontrollieren und produzieren, sondern eben wirklich empfangen. Letztlich ergänzen Bernhard und Eckhart einander: die radikale Hingabe Gottes einerseits und seine absolute Unerreichbarkeit andererseits sind die beiden Seiten ein- und derselben Medaille. Beide Aspekte gehören in die spirituelle Auseinandersetzung des Menschen.

Reformation und Gegenreformation – Martin Luther, Ignatius von Loyola, spanische Mystik

Die Mystik hat im Spätmittelalter einen starken Einfluss auf die kirchliche Reformbewegung gewonnen, die seit dem 15. Jahrhundert kirchliche Missstände und Fehlentwicklungen abzustellen suchte und schließlich in die Reformation mündete. Eine große, von den Niederlanden auf den ganzen deutschsprachigen Raum ausstrahlende Bewegung war die sog. *Devotio moderna* (»neue Frömmigkeit«). Sie war eine Bewegung die sich an Laien richtete und auf die Heiligung und die spirituelle Durchdringung des Alltagslebens aus war. Man geht nicht zu weit, wenn man sagt, dass es in dieser Zeit erstmals eine breite Meditationsbewegung außerhalb der Klöster gab, die auch die »kleinen Leute« ansprach.

Diese Bewegung hat sowohl Martin Luther wie Ignatius von Loyola geprägt.
Martin Luther war zunächst Mönch; das heißt: Er war zutiefst mit der mittelalterlichen Mystik und Frömmigkeit vertraut, vor allem mit der deutschen Mystik. Er gab als junger Theologieprofessor sogar einen von einem anonymen Mystiker verfassten Traktat, die »Theologia Deutsch«,

heraus. Luther war einerseits stark von der Mystik geprägt – andererseits setzte er sich von ihr ab.

Geprägt von der Mystik ist sein tiefes Fragen, seine ruhelose, fast fanatische Suche nach einer Unmittelbarkeit zu Gott, die sich mit keiner theologischen richtigen Erklärung, mit keiner kirchlichen genehmigten Antwort zufrieden gibt. Auch sind bestimmte Kernaussagen seiner Theologie ohne die mystische Theologie beispielsweise eines Meister Eckhart nicht denkbar: Ein zentraler Gedanke der Theologie Luthers ist, dass Gott sich im Negativen verbirgt: Der große Gott verbirgt sich im kleinen Jesuskind in der Krippe. Eine Wurzel solcher Gedanken ist sicherlich die Vorstellung Meister Eckharts, dass Gott erst im »Nichts« erfahrbar wird.

Luther steht der Mystik allerdings insofern kritisch gegenüber, als er die *contemplatio,* die unmittelbare Schau Gottes ablehnt, bzw. für nicht erstrebenswert hält. Er knüpft vielmehr wieder an das traditionelle Verständnis von *meditatio* an: Betrachtung des Wortes. Für Luther ist der Umgang mit dem Wort Gottes, mit dem Wort der Bibel die entscheidende Quelle aller Gotteserfahrung. Das liegt auch daran, dass er sein geistliches Durchbruchserlebnis bei der Beschäftigung mit dem Römerbrief gehabt hat. Alles, was über die Erfahrung mit dem Wort Gottes hinausgeht, jede weitere »Unmittelbarkeit«, ist für Luther suspekt, vor allem jede spirituelle Erfahrung, die sich ausschließlich auf besondere innere Erlebnisse beruft. Insbesondere den »Schwärmern«, die sich unabhängig vom Medium des Wortes Gottes auf den Heiligen Geist beriefen, machte Luther dies zum Vorwurf.

Luther selbst hat täglich meditiert, indem er Texte der Bibel betrachtete. Er kann also nicht als Kronzeuge einer Theologie in Anspruch genommen werden, die jede Art von Meditation für unevangelisch oder gar für Selbsterlösung hält. Das regelmäßige menschliche Sich-Bemühen, die ausgestreckte Hand der Gnade Gottes zu ergreifen, gehört für Luther ganz essentiell zum Glauben: »Alle guten Gaben kommen von Gott. Aber man muss den Stier bei den Hörnern packen, man muss die Arbeit tun und Gott so eine Gelegenheit geben«.[9]

Meditation als regelmäßige Schriftbetrachtung beginnt für Luther mit dem Hören und Bedenken des Wortes. Sie ist ins Gebet eingebunden. Sie führt aber auch ins Innere des Menschen hinein. Das Wort berührt, trifft und verwandelt die Personmitte des Menschen. Luther selbst sagt: »Meditation ist eine Eigentümlichkeit nur des Menschen. Zwar scheinen auch Tiere Vorstellungen zu haben und zu denken. Die Kraft der Meditation liegt also im Denken. Aber Meditation und Denken unterscheiden sich. Meditation ist an Herkömmlichem hangendes, tief gehendes und sorgfältiges Denken. Im besonderen ist sie ein Wiederkäuen im Herzen. Deshalb bedeutet Meditation gleichsam, sich in der Mitte aufhalten, oder durch die Mitte und das Innerste bewegt werden. Wer also im Innersten und sorgfältig denkt, forscht und überlegt, der meditiert.«[10]

Auch bei *Ignatius von Loyola (1491-1556)*, dem Gründer des Jesuitenordens, tritt die *meditatio* gegenüber der *contemplatio* in den Vordergrund. Darin ist Ignatius Luther ähnlich. Freilich liegt bei Ignatius, dem Verfasser der »Geistlichen Exerzitien«, die bis in die heutige Zeit wirken, der Akzent viel stärker auf den Methoden der Meditation. Mit dieser »Methodisierung« hat Ignatius, auch wenn er die reiche Tradition vor ihm aufgegriffen und systematisiert hat, etwas Neues geschaffen. Das Kernstück ignatianischer Betrachtung ist die Meditation mit Hilfe der drei Seelen-

9   WA 30,1,436. Zitiert nach Ludwig Frambach: Identität und Befreiung in Gestalttherapie, Zen und christlicher Meditation, Petersberg 1993, S. 253.
10 WA 3, 19,24-30. Zitiert nach Ruhbach, a.a.O., 151.

kräfte: Gedächtnis, Verstand und Willen. Der Gegenstand der Betrachtung, meist ein Text aus den Evangelien, soll mit allen Seelenkäften erfasst werden. Dabei geht es um eine möglichst anschauliche Vergegenwärtigung, um gedankliche Durchdringung und gefühlsmäßiges Sich-Aneignen des Gegenstandes. Jede Übung sieht eine »Bereitung des Schauplatzes« vor, an dem die Vorstellungskraft, die Phantasie, der Geruchs,- Geschmacks- und Gehörsinn entscheidend beteiligt sind. Ziel ignatianischer Betrachtung ist es (ganz im Sinne der Devotio moderna), das ganze Leben zu heiligen, zu durchdringen und von Gott prägen zu lassen. Die klassische Kontemplation tritt dabei in den Hintergrund und scheint nur am Rande auf, etwa bei der »Betrachtung zur Erlangung der Liebe« (Exerzitienbuch Nr. 230-237). Die Wirkung der »Exerzitien« ist bis heute gewaltig. Sie verdankt sich der einfachen Methode und Handhabung. Die Bedeutung der ignatianischen Exerzitien liegt besonders darin, dass sie über die Klostermauern hinaus Grundlage einer Laien-Meditationsbewegung geworden sind, die in jüngster Zeit auch immer mehr evangelische Christen erfasst.

Anders als die ignatianische Spiritualität ist die *spanische Mystik* vor allem kontemplativ ausgerichtet. Die Vereinigung mit Gott und die abgründige, unsagbare mystische Erfahrung stehen bei Theresa von Avila und Johannes vom Kreuz im Mittelpunkt der Mystik. *Theresa von Avila (1515-1582)* legt großen Wert auf die Unterscheidung von betrachtendem Gebet, bei dem sich der Geist denkend und erwägend bewegt (also der *meditatio*), und dem affektiven Gebet, das von Gefühl der Liebe zu Gott gekennzeichnet ist (der *contemplatio*). Die höchste Stufe des Gebets bei Theresa ist das »passive affektive Gebet«, bei dem alle Aktivität des Geistes und der Seelenkräfte aufgehoben ist. Diese Erfahrung nennt sie das »Gebet der Ruhe«.

Die mystische Theologie von *Johannes vom Kreuz (1542-1591)* geht in eine ähnliche Richtung, ist aber stärker an dem unendlichen Abstand zwischen Gott und Mensch orientiert. Gott kann vom Menschen aus nur als Abgrund, als Dunkelheit erfahren werden. Johannes ragt vor allem durch seine Gedichte (»Die dunkle Nacht«; »Geistlicher Gesang«) heraus: »Du bist wie Berge hehre, / Geliebter, und wie Waldtals Einsamkeiten, / wie Inseln ferner Meere, / wie rauschend Stromesgleiten, / und säuselnd linder Lüfte Lieblichkeiten.«[11] Das zentrale mystische Erleben vollzieht sich bei Johannes in der »dunklen Nacht«, der Erfahrung völliger Armut und Hilflosigkeit, vollkommener Leere und verzehrender Sehnsucht nach Gott. Die dunkle Nacht wird erst erhellt, wenn Gott selbst kommt. Aber auch Gott kommt nicht als Licht im menschlichen Sinne, sondern paradox als »dunkles Licht« oder »hellleuchtende Dunkelheit«: »Je heller und einsichtiger die Göttlichen Dinge in sich selber sind, umso dunkler und verborgener sind sie naturgemäß der Seele; es ist wie mit dem Licht: je heller es ist, desto mehr verdunkelt es das Auge der Nachteule.«[12]

Die Entwicklung in den evangelischen Kirchen – Gerhard Teerstegen

Im Bereich der evangelischen Kirchen hatte die Reformation eine gewisse Skepsis gegenüber Mystik und Meditation mit sich gebracht. Dennoch blieb auch in der lutherischen und reformierten Theologie mystische und meditative Gotteserfahrung weiterhin ein Thema. Die

11 Aus der 15. Strophe des »Geistlichen Gesangs«. Zitiert nach: Josef Sudbrack: Mystik. Selbsterfahrung – kosmische Erfahrung – Gotteserfahrung, Mainz/Stuttgart 1988, 69.
12 Zitiert nach J. Sudbrack, ebd.

großen Theologen des 17. Jahrhunderts pflegten, wie die mittelalterlichen Scholastiker, die mystische Theologie als parallele Disziplin zur wissenschaftlichen Theologie. Gerade im lutherischen Bereich erschienen zahlreiche Meditationsbücher und mystische Schriften.

Im Pietismus, einer Bewegung, die die persönliche Gotteserfahrung gegenüber einer einseitig rationalen und »richtigen« Theologie in den Vordergrund stellte, bricht dann die mystische Seite des Christentums wieder voll durch. Der hervorstechendste Vertreter eines mystischen Christentums in jener Zeit ist *Gerhard Teerstegen (1697-1769)*. Teerstegen gab schon als junger Mann seinen Beruf auf und begann ein zurückgezogenes Leben. Er verschrieb sein Leben am Gründonnerstag 1724 seinem Heiland Jesus Christus und begann ein Leben als geistlicher Schriftsteller und Übersetzer mystischer Schriften. Er wurde ein gefragter und bekannter Prediger und Seelsorger.

In seinen Predigten und Gedichten nimmt Teerstegen auf die großen Mystiker und Mystikerinnen Bezug. Zentral für ihn ist das »Lassen«. Der Mensch soll alles Vordergründige und Unwesentliche lassen. »Wir entsagen willig allen Eitelkeiten« heißt es in seinem Lied »Gott ist gegenwärtig«. Durch dieses »Lassen« entwickelt sich im Lauf der Zeit ein »Gelöstsein« oder ein »Vergnügtsein«, eine innere Ruhe und Gelassenheit. Das Herz hängt sich an nichts mehr, es ist nirgends mehr fixiert oder negativ abhängig. »Mein Geist ist ruhig und vergnüget / wenn er in Gott sein'm Ruhpunkt lieget«[13]. Das Vergnügtsein ist eine Freiheit von sich selbst, eine innere Ausgeglichenheit – verbunden mit einer tiefen Wärme und Bejahung des Lebens.

Mit den Mystikerinnen und Mystikern des 18. Jahrhunderts ist die Geschichte von Mystik und Meditation im christlichen Bereich natürlich nicht zu Ende. Aber mit

13 Zitiert nach Ludwig Frambach, a.a.O., S. 268.

dieser Zeit beginnt erst einmal ein Niedergang von Mystik und Spiritualität. In Teilen des Katholizimus wird die spezielle Kontemplation bis heute kritisch gesehen und zurückgedrängt – zu groß ist die Angst vor unmittelbaren und unkontrollierbaren Gotteserfahrungen, zu stark die Fixierung auf die kirchliche Heilsvermittlung. Demgegenüber hatten es im Katholizismus die ignatianischen Exerzitien, die ja nicht so stark kontemplativ ausgerichtet sind, immer leichter sich zu behaupten.

Im Protestantismus ist es die in der lutherischen Theologie angelegte Skepsis gegenüber jeder inneren Gotteserfahrung, die im Laufe der Zeit zu einem Verlust der mystischen Dimension des Glaubens geführt hat. Zwar brechen mystische Erfahrungen in der Erweckungsbewegung des 19. Jahrhunderts noch einmal auf, doch ist diese Erweckungstheologie schon zu eng und zu antiaufklärerisch, um noch eine große Wirkung entfalten zu können. Im 20. Jahrhundert ist es dann vor allem die Theologie Karl Barths, einem der einflussreichsten Theologen dieses Jahrhunderts, aber auch die konservative lutherische Theologie, die einer regelrechten »Erfahrungsfeindlichkeit« Vorschub leistet. Sie diskreditiert Meditation und Mystik von vornherein, ohne sich um ein differenziertes Urteil zu bemühen.

Insgesamt sind es der Rationalimus der Aufklärung, die Säkularisierung, das einseitig naturwissenschaftlich-mechanistische Weltbild und die beginnende Industrialisierung, die die Innendimension des Menschen und des Glaubens immer mehr verdrängt und verleugnet haben. Erst seit kurzem spüren immer mehr Menschen die Einseitigkeit der technologischen Weltsicht und die Grenzen der Machbarkeitsideologie. Das hat auch dazu geführt, dass diese Innendimension von vielen neu gesucht und entdeckt wird.

Auf der Reise nach Innen –
den Weg der Meditation verstehen

Eigentlich müsste es selbstverständlich sein, dass in unseren Kirchen und Gemeinden Räume angeboten werden, wo Menschen nach sich, nach Gott und nach ihrem Weg fragen können. Es müsste selbstverständlich sein, dass kompetente Personen da sind, die andere auf diesem Weg begleiten. Aber es ist nicht selbstverständlich. Das Wissen darum, dass man sich um die eigene Seele kümmern muss, und die Erfahrung, wie man sich um sie kümmert, sind verlorengegangen bzw. aus der Kirche ausgewandert. Erst mit der modernen Psychologie und mit dem spirituellen Boom, der seit den späten 60er Jahren bei uns im Westen eingesetzt hat, ist dieses Wissen wieder aufgebrochen. Viele spüren, dass ihnen etwas fehlt, und machen sich auf die Suche – nach sich selbst, nach Gott, nach dem Wesentlichen. Die östlichen Religionen (vor allem Yoga und Zen) haben uns einen Spiegel vorgehalten, und viele merken, dass sie tiefer zu sich und zu Gott, zum Wesentlichen kommen müssen, um sinnvoll zu leben. In den folgenden Abschnitten möchte ich dieses »tiefer zu Gott und so zu sich selbst Kommen« näher betrachten und überlegen, was genau geschieht, wenn wir meditieren.

Was geschieht, wenn wir meditieren?

Meditieren ist zunächst einfach eine *Einübung ins Dasein*.

Wenn wir meditieren, kommen wir in die Gegenwart. Wir lassen die Vergangenheit hinter uns, wir lassen die Zukunft Zukunft sein und planen sie nicht. Wir versuchen im Hier und Jetzt, im Augenblick zu sein. Die Mystiker haben immer wieder gesagt, dass der gegenwärtige Moment, dieser Augenblick (das »Nu«, wie Meister Eckhart sagt), das Tor ist, durch das Gott zu uns kommt. Wenn ich meditiere, bin ich in der Gegenwart – mit allem, was mich jetzt beschäftigt. Da ist das, was ich jetzt wahrnehme und fühle. Da ist das, was mich an Vergangenem jetzt noch bewegt. Da ist das, was die Zukunft bringen wird. Da sind körperliche Verspannungen und Schmerzen. All dessen werde ich in der Meditation *gewahr*. »Gewahrwerden« heißt: Ich sehe, merke, spüre, was da ist – und ich lasse es da sein. Es geht jetzt nicht darum etwas zu lösen, einen Schmerz »wegzumachen«, ein Problem erschöpfend zu klären. Es geht jetzt nur darum, dass ich dem Schmerz und meinen Gefühlen erlaube da zu sein, sie bei mir willkommen heiße und annehme. Häufig erlebe ich, dass ich über das achtsame Aufmerken auf das, was jetzt gerade ist und was mich jetzt gerade umtreibt oder stört, freier und offener werde. Und manchmal geschieht es auch, dass ich gerade dann, wenn ich mir *nicht* vornehme, besonders präsent zu sein, eine besondere Präsenz und Aufmerksamkeit erlebe. Insofern ist Meditation zunächst gar nichts Religiöses. Sie ist eine Übungsform, die hilft stärker bei dem zu sein, was gerade ist – auch im ganz normalen Alltag.

Die zweite Dimension neben dem Gewahrwerden ist die *Beziehung*. Ich bin nicht allein, wenn ich dasitze und meditiere, sondern ich bin mit Gott in Beziehung. Ich trete ihm gegenüber und öffne mich innerlich für ihn. Ich versuche, das »Du« Gottes wahrzunehmen. Nur durch Begegnung, nur dadurch, dass mich jemand anredet und »du« zu mir sagt, entsteht mein »Ich«. Martin Buber, der jüdische Religionsphilosoph und Lehrer des »Dialogischen«, hat gezeigt: Es gibt zwei Ebenen der Kommunikation: die Ich-Es-Ebene, auf der wir mit Dingen, Ideen, Gegenständen, Plänen und Informationen zu tun haben – und die Ich-Du-Welt: die Welt zwischenmenschlicher Begegnung. Sie ist die wahre und wirkliche Ebene der Kommunikation. In der Welt der Ich-Du-Begegnung lassen wir den Bereich der Dinge und Informationen hinter uns. Auf dieser Ich-Du-Ebene mit Gott befinden wir uns, wenn wir meditieren. Wir lernen und üben, mit diesem Du umzugehen, mit ihm zu reden, zu schweigen, zu weinen und zu lachen, mit ihm unser Leben zu teilen. Wir kommen in einen liebenden, liebevollen Austausch mit dem göttlichen Du. Insofern gehört zur Meditation auch das Gebet. Dieses Beten kann sehr vielfältig sein. Es kann vom unartikulierten Seufzen über das Aussprechen von Klage und Sehnsucht bis hin zu einem Bitt- oder Dankgebet reichen.

Schließlich spielt der *Körper* bei der Meditation eine wichtige Rolle. Von den meisten Meditationslehrerinnen und -lehrern wird jedoch nicht der Begriff »Körper« verwendet, sondern das Wort »Leib«. Körper – im Gegensatz zur

Sitzende Figur

Seele – meint den physischen Organismus, den wir »haben«, während Leib den ganzen Menschen als Einheit von Körper und Seele umfasst, der wir »sind«. Fast alle Meditationsschulen arbeiten mit Übungen für den Leib, die vor, während oder nach der Meditation gemacht werden. Solche Übungen stammen aus verschiedenen Schulen (Yoga, Tai-Chi, Chakrenmeditation). Absicht der Übungen ist es immer über das Körperbewusstsein und die Körperwahrnehmung wach und präsent zu werden. Dahinter steht das Wissen, dass Körper und Seele nicht zu trennen sind, sondern einander beeinflussen. Es entspannt sich nicht nur der Körper über die seelische Entspannung und Lösung. Auch umgekehrt wirkt sich eine gesunde Körperspannung auf die Seele aus. Das Da-Sein wird gerade mit dem Leib eingeübt. Manche Zen-Meister gehen sogar so weit zu sagen: »Die Erleuchtung wird über den Leib erlangt.« Es geht also gerade nicht um eine Loslösung vom Körperlichen, um eine Spiritualisierung des Körpers, sondern darum, bewusst *im Körper* zu sein, Leib zu sein. Voraussetzungen dafür sind die richtige Sitzhaltung, die Atmung und das Verlagern des Schwerpunkts in die Leibmitte.

Fast alle »Leibübungen« im Zusammenhang mit der Meditation haben die Absicht, in die *Leibmitte,* in den Schwerpunkt des Leibes zu führen, der oft mit dem japanischen Begriff *Hara* (Bauch, Unterbauch; vgl. Übungsteil) bezeichnet wird. Dieser Bereich befindet sich zwischen Schambein und Bauchnabel. Hara ist die leibseelische Mitte des Menschen – die körperliche Entsprechung zur seelischen Mitte. Wer im Hara ist, hat seinen Schwerpunkt, seinen Mittelpunkt gefunden; er hat ein körperliches und seelisches Gleichgewicht, das zentriert, Sicherheit gibt und zugleich – wie wenn man um diesen Mittelpunkt kreist – flexibel macht.

Interessant ist schließlich, dass regelmäßiges Meditieren gesund ist[1]. Nicht nur alle wesentlichen Körperfunktionen wie Blutkreislauf, Atmung, Hautwiderstand etc. werden vitalisiert und harmonisiert. Von Hirnphysiologen wurde in jahrzehntelanger experimenteller Forschung nachgewiesen, dass bei Meditierenden diejenigen Gehirnwellen (Alpha-Wellen) besonders stark auftreten, die auf einen Zustand wacher Gelassenheit und Ausgeglichenheit hinweisen. Demnach ist Meditation kein Zustand dumpfer Versunkenheit, der träge macht, sondern ein Zustand, der spontane und exakte Reaktionen auf die Umwelt ermöglicht.

Wie lässt sich Meditation psychologisch einordnen?

Mittlerweile sind sehr viele differenzierte Untersuchungen zur Psychologie der Meditation angestellt worden.[2] Die meisten Überlegungen beruhen auf einem einfachen und hilfreichen Grundmodell. Dieses Modell geht von einer Unterscheidung aus, die auf die Psychologie von C.G. Jung zurückgeht: von der *Unterscheidung von »Ich« und »Selbst«*. Dazu zunächst ein einfaches Beispiel:

> Vor einiger Zeit unternahm ich mit einem Freund eine Bergtour. Ich hatte mich sehr darauf gefreut, doch als wir losmarschierten, fühlte ich mich plötzlich fürchterlich unwohl. Es erschien mir mit einem Mal ungeheuer anstrengend zu sein, dort hinaufzusteigen – obwohl wir nur ca. 600 Höhenmeter bis zur Hütte vor uns hatten, genug Zeit war

1 Vgl. dazu: Ludwig Frambach: Identität und Befreiung in Gestalttherapie, Zen und christlicher Spiritualität, Via Nova Verlag, Petersberg 1994, 138f.
2 Zum Beispiel: Ludwig Frambach a.a.O.; Ken Wilber: Das Spektrum des Bewusstseins, Bern u.a. 1987; Edith Zundel/ Bernd Fittkau (Hrsg.): Spirituelle Wege und Transpersonale Psychologie, Paderborn 1989.

und ich sehr gerne in den Bergen unterwegs bin. Irgendwann wurde mir dann klar, dass ich mich unbewusst unter starken Druck gesetzt hatte, möglichst schnell und mit starker Kondition auf den Berg zu »rennen« – vielleicht auch, um vor meinem Freund einen tollen Eindruck zu machen. Den Teil in mir, der gar nicht so schnell und stürmisch da hinauf wollte, sondern zu mir sagte: »Warte mal und schau, wie schnell du hinaufkommst; übernimm dich nicht, laß dir Zeit, außerdem geht es gar nicht darum, möglichst schnell hinaufzukommen« – diesen Teil hatte ich übersehen, übergangen, als »Schwächling« abqualifiziert, und er meldete sich in Form von Anspannung und Druck zu Wort. Als ich auf ihn gehört hatte, ging es mir besser und die Bergtour machte mir wieder Freude.

Es gibt also in uns einen Teil, das »Ich«, das bestimmte Dinge will, nach bestimmten Dingen strebt, teils weil sie erstrebenswert sind, teils, weil sie uns als erstrebenswert dargestellt werden. Und es gibt eine tiefere Instanz in uns, das »Selbst«. Dieses Selbst hat eine ordnende Kraft; es hat ein Interesse daran, dass unsere Gefühle, Stimmungen, Triebe und Bedürfnisse geordnet und ausgeglichen sind. Darum meldet es sich gerade in Situationen zu Wort, wo das Ich einseitig zu werden droht. Unser Leben und unsere Welt sind leider so beschaffen, dass wir leicht den Kontakt zum Selbst verlieren. Wir strengen uns zu sehr an, überfordern uns, werden einseitig, stehen unter starkem äußeren Druck und können oder wollen darum nicht das verfolgen, was uns das Selbst »rät«. Darum ist es wichtig, Wege zu finden, auf das Selbst zu hören, mit ihm in Kontakt zu kommen. Vor allem im Erwachsenenalter, wenn man sich beruflich und familiär festgelegt hat und die äußere Veränderbarkeit des Lebens abnimmt, sind wir vor diese Aufgabe gestellt. Die Tradition vieler Religionen ist der Überzeugung, dass das Selbst auch auf geheimnisvolle Weise mit Gott in Kontakt steht.

Meditation ist ein Weg, mit dem Selbst Kontakt aufzunehmen und mit ihm in Verbindung zu bleiben. Wohlgemerkt: Es geht um eine *Verbindung* zum Selbst. Es geht nicht darum, das Ich aufzulösen oder gar zu zerschlagen (das wäre der Weg mancher Sekten und Psychokulte). Wir brauchen unser Ich und eine gesunde Ich-Struktur mit einem gewissen Selbstvertrauen und einem gerüttelt Maß Konfliktfähigkeit, um ein normales Leben führen zu können. Doch jenseits dieser Ich-Struktur brauchen wir eine Beziehung zu unserem Selbst, eine stabile »Ich-Selbst-Achse«. Wenn wir diesen stabilen Zugang zum Selbst haben, dann ist die Bereitschaft des Ich, auf das Selbst zu hören, relativ groß und dauerhaft hoch. »Wenn man der Wirklichkeit des Selbst tägliche Beachtung schenkt, so ist es, als ob man auf zwei Ebenen leben müsste, indem man zwar wie zuvor seine Aufmerksamkeit den Aussenweltsaufgaben widmet, zugleich aber auf alle Winke und Zeichen in Träumen und Ereignissen achtet, durch die das Selbst seine Absicht und die Richtung, wohin der Lebensstrom tendiert, kundtut.«[3]

Meditation kann helfen, eine stabile Beziehung zum Selbst aufzubauen und zu erhalten und somit auch zu seelischer Stabilität und psychischer Gesundheit beitragen. Denn offenbar schafft sie durch die innere und äußere Beruhigung, durch die Sitzhaltung und andere Faktoren die Voraussetzungen dafür, dass wir leichter auf das Selbst hören können. Es kann allerdings einige Zeit dauern, bis die Offenheit für das Selbst geschaffen ist und sich das Ich auf das Selbst eingeschwungen hat. Die Veränderungsprozesse, die auf diesem Weg in Gang kommen, können mitunter sehr schmerzhaft sein. Solche seelischen Schmerzen sind jedoch notwendige »Geburtswehen«.

3 C.G. Jung u.a.: Der Mensch und seine Symbole, 6. Aufl. der Sonderausgabe, Olten 1982. S. 212. Vgl. dazu auch: John Sanford: Das Johannesevangelium. Eine tiefenpsychologische Auslegung. Teil 2: Kapitel 7-21, München 1998, S. 144ff.

Wie lässt sich Meditation theologisch verstehen?

Die Schöpfungsgeschichte am Anfang der Bibel schildert das ursprüngliche Sein des Menschen: »Gott schuf also den Menschen als sein Abbild; als Abbild Gottes schuf er ihn. Als Mann und Frau schuf er sie« (1. Mose 1, 27). Gott formt den Menschen aus Erde und bläst ihm dann den Lebensatem ein; so wird der Mensch ein lebendiges Wesen (2. Mose 2,7). In den Schöpfungsgeschichten wird also geschildert, wie wir Menschen gedacht sind, wie Gott uns gemeint hat. Wir sind nach Gottes Bild geschaffen und wir leben in einer Lebendigkeit, die unmittelbar von Gott kommt. Diese Nähe zu Gott gibt uns unsere Würde, sie gibt uns unsere Identität.

Ich bin von Gott nach seinem Bilde gemacht. Das heißt: Gott weiß, wer ich bin, er hat ein Bild von mir. Er hat sein Bild von mir, und nur dieses Bild zählt. Alle anderen Bilder, die ich mir von mir mache, die sich andere von mir machen, sind zweitrangig und unzureichend. Der Benediktinerpater Anselm Grün schreibt: »Ich bin ein einmaliges Bild Gottes. In mir ist ein unberührtes Bild, das Gott sich von mir gemacht hat, mein wahres Wesen, wie Gott es geformt hat.«[4]

Die Tragik unseres Lebens ist jedoch, dass wir uns von dieser ursprünglichen Unmittelbarkeit immer wieder entfremden, sie verlieren oder zulassen, dass sie verdunkelt wird. Dieser Entfremdungszustand wird meist mit dem Wort »Sünde« bezeichnet. Davon erzählt die Geschichte vom »Sündenfall« in 1. Mose 3. Sünde ist nicht oder erst in zweiter Linie ein moralisches »Falschsein«. Sünde im spirituellen Sinne ist, dass wir uns von Gott entfernen und dass das Bild Gottes in uns verdunkelt oder verschüttet wird.

4   Anselm Grün: Selbstwert entwickeln – Ohnmacht meistern. Spirituelle Wege zum inneren Raum, Stuttgart 1995, S. 81.

Teils sind wir Opfer dieser Entwicklung und bemerken sie nicht, teils sind wir aber auch mit beteiligt.

In der Meditation treten wir wieder in Beziehung zu Gott. Wir nehmen Kontakt auf zum göttlichen »Du«. Wir beginnen, nach diesem Bild Gottes in uns zu suchen. Wir wollen das Trennende überwinden. Wir wollen Licht in das Verdunkelte bringen und die »Schuttberge« abtragen, die das Bild Gottes in uns verschüttet haben. Damit geben wir Gott die Chance, das Bild, das er von uns hat, wieder wachsen und reifen zu lassen. Das »Modell«, das dazu die beste Orientierung bietet, ist Jesus Christus. Er ist das Bild Gottes, wie es im Kolosserbrief heißt. Er hat es uns Menschen ermöglicht, zu unserem ursprünglichen Sein zurückzufinden. Und er ist den Weg vorangegangen; er steht dafür, dass es tatsächlich möglich ist, zu diesem ursprünglichen Sein zurückzufinden.

Der spirituelle Weg

Der Weg der Meditation ist, wie schon angedeutet, der Weg zum Selbst, zum Bild Gottes in uns. Dieser Weg führt bei jedem Menschen durch Dunkles und Schmerzvolles. Er macht manchmal Angst. Aber schließlich und endlich führt dieser Weg zum Loslassen, zu einer befreienden Seins-Erfahrung.

Lässt sich über diese recht allgemeinen Aussagen hinaus Näheres über diesen Weg durch das Dunkle zur Befreiung aussagen? Gibt es spezifische Stadien, einen bestimmten Phasenablauf dieses Weges? Der Theologe und Meditationslehrer Ludwig Frambach ist in seinem Buch: »Identität und Befreiung in Gestalttherapie, Zen und christlicher Spiritualität« auf fünf Phasen des Befreiungsprozesses gestoßen, die er im Zen, in der Gestalttherapie und bei unterschiedlichen Vertretern christlicher Spiritualität (unter anderem im Herzensgebet, bei Meister Eckhart, Martin Luther und Gerhard Teerstegen) ausgemacht hat. Für mich selbst war dieses Modell so hilfreich, dass ich es hier kurz darstellen möchte.[5] Natürlich ist ein solches Schema nur ein Modell. Es soll keineswegs die frei fließenden spirituellen Erfahrungen »begradigen«. Es soll auch keinesfalls wieder eine Fixierung bewirken, so dass sich jemand womöglich ängstlich zu fragen beginnt: »Auf welcher Stufe bin ich jetzt? Habe ich Stufe fünf schon erreicht?« und so unter Leistungsdruck gerät. Dennoch kann es helfen, die eigenen Erfahrungen besser zu verstehen und einzuordnen.

Die *erste Phase* des spirituellen Befreiungsweges ist zugleich der Ausgangspunkt: das Stadium der Unfreiheit, der *Identitätsfixierung*. Das Gefühl der Abhängigkeit und des Eingeengtseins steht im Vordergrund. Solche Fixierungen können durch soziale Rollen bewirkt werden, zum Beispiel durch die berufliche Rolle oder die Rolle als Mutter. Sie können aber auch dem sozialen Status oder einem bestimmten Ideal gelten; etwa dem Ideal des »Helfers« oder dem Kampf gegen Elternfiguren und Autoritäten. Die Rolle oder ein bestimmtes Ideal steht dann so sehr im Vordergrund, dass die gesamte Identität, das ganze Lebensgefühl davon bestimmt wird. Dass es noch etwas anderes und Wichtigeres gibt als dieses Eine, gerät völlig aus dem Blick. Dass das Leben vielfältig ist und es zu dem einen fixierenden Aspekt mindestens einen polaren Gegenaspekt gibt, wird nicht gesehen. Zum Ideal des Helfers oder der Helferin zum Beispiel gibt als Gegenbild immer auch den Wunsch, für sich zu sein oder sogar die Aggression gegen die Hilfesuchenden. Die dynamische Mitte, die einen solchen Ausgleich herstellen könnte, also das gesunde Selbst,

5 Zum folgenden vgl. Frambach a.a.O. S. 275-284.

ist verschoben, verschüttet oder in die Mechanismen der Fixierung mit einbezogen.

Die *zweite Phase* ist die Phase der *Identitätsdifferenzierung*. Das Ich beginnt zu entdecken, dass es neben dem, worauf es einseitig fixiert ist, auch noch andere Aspekte des Lebens und der eigenen Persönlichkeit gibt. Das Ich beginnt sich von seiner Fixierung zu unterscheiden, es ahnt, dass es mehr gibt. Die alte vordergründige Identität beginnt zu bröckeln. Die Persönlichkeit wird differenzierter, das Leben wird komplexer, an manchen Punkten leichter, aber in gewisser Weise auch anstrengender, da ja mehr zu bewältigen ist.

Diese Differenzierung kann sich zu einer regelrechten *Identitätsdiffusion* steigern *(dritte Phase)*. Für manche ist diese Phase ein kaum wahrnehmbarer Vorgang, andere erleben hier eine schmerzvolle Krise. Trauer, Angst, Selbstzweifel, Unruhe, Depressionen können sich einstellen; man gerät allmählich in eine Sackgasse. Die alte fixierte Struktur hat sich aufgelöst, aber es ist noch nichts Neues da. »Das Alte stirbt und das Neue kann nicht geboren werden; in diesem Zwischenzustand treten morbide Symptome von großer Mannigfaltigkeit auf.«[6] So geht das Ich hin und her zwischen dem Alten, an dem es sich aber nicht mehr festhalten kann, und dem Neuen, das noch nicht tragfähig genug ist. Der Mensch, der so gerne hilft und einen Großteil seines Selbstwerts darüber bezieht, dass er für andere da ist, spürt immer deutlicher, dass er auch mal in Ruhe gelassen werden möchte oder sogar wütend auf die Menschen ist, die ständig seine Hilfe wollen. Aber zugleich fühlt er sich von seinen eigenen Wünschen bedroht und bekommt vielleicht immer stärkere Schuldgefühle.

---

6 Die Schriftstellerin Nadine Gordimer hat diesen Satz ihrem Roman »July´s Leute« vorangestellt.

Die *vierte Phase* ist die wichtigste und zugleich geheimnisvollste: die Phase des *Identitätsvakuums*. Nichts geht mehr. Die Gegensätze in der Psyche haben so lange miteinander gekämpft, dass sie sich völlig neutralisieren und ein völliger Stillstand eintritt. Die alten Muster greifen nun gar nicht mehr, der Kampf ist in gewisser Weise zu Ende. Und hinter den Kämpfen tritt eine neue Schicht hervor. Diese Schicht wird meist als die »große Leere« oder das »Nichts« bezeichnet. Dieses Nichts oder diese Leere ist bedrohlich und schöpferisch zugleich. Bedrohlich, gefährlich ist die Leere, weil sie das alte Ich-Konstrukt zum Sterben bringt. Alle Spannung, aller Kampf sind zu Ende. Hier, in diesem Vakuum ist der Ort, wo keine Spannung mehr herrscht. Hier herrschen Ruhe, Einheit und Frieden (wie im Zentrum des Orkans). Nichts kann mehr gemacht werden, weil alles geschieht; aber es braucht auch nichts mehr gemacht werden, weil eine größere Kraft und Macht da ist als das Ich.

Auf diese Phase der Leere folgt unmittelbar die *Phase der neuen Grund-Identität,* die Phase der Befreiung. Was vorher als schier unerträgliche Spannung erlebt wurde, wird nun als Polarität erlebt, Gegensätze, mit denen man – aus einer tieferen Fundierung heraus – leben kann. Die eigene Identität wird neu und unabhängig von Leistungen oder Fixierungen erlebt. Der Helfertyp beispielsweise kann nun anders mit seinem Ideal umgehen und sich den Rückzug und die Aggression auf die Hilfesuchenden gönnen und als Kraftquellen schätzen lernen.

Im Zen wird dieser Durchbruch auf eine tiefere Ebene *Satori*-Erlebnis genannt, die »Erleuchtung«, in der der neue Mensch, der »wahre Mensch ohne Rang« hervortritt. Er ist durch nichts und auf nichts mehr fixiert, sondern wahrhaft frei. Hintergrund dieser neuen Lebensmöglichkeit ist die vorangegangene Erfahrung des Sterbens und Loslassens. Wenn das Ich die bisher vermiedene Erfahrung der eigenen Begrenztheit und Vergänglichkeit durchlebt, überlebt und angenommen hat, dann ist es reif und bereit, sich selbst als vorläufig und begrenzt anzusehen. Von daher relativiert sich alles, was vorher bedrohlich war.

Die neue Freiheit, die am »Ende« dieses Wegs steht, ist eine prinzipiell neue »Seinserfahrung«, die einerseits bleibt – aber andererseits immer wieder errungen und bewahrt werden muss. Die beiden gegensätzlichen Aspekte von Freiheit sind in ihr aufgehoben. Die »Freiheit von« besteht in der Freiheit allen Identifikationen gegenüber, in einer Distanz und Freiheit allem gegenüber, was auf Erden absoluten Anspruch erhebt, seien es Machtstrukturen, Gewaltsysteme, Ideale, Rollenzwänge oder die eigenen Ängste. Zugleich ist sie aber auch immer eine »Freiheit zu«, eine Identifikationsbereitschaft, eine prinzipielle Offenheit, sich auf das Leben und seine Anforderungen einzulassen, tätig und aktiv zu sein – ohne jedoch völlig aufzugehen, völlig aufgesaugt zu werden oder sich zu verlieren. So ist der spirituelle Weg ein Weg zu Offenheit und liebevoller Lebensgestaltung.

Christliche und »östliche« Meditation – Gemeinsamkeiten und Unterschiede

Dass wir unsere spirituellen Wurzeln im Christentum wieder entdecken, verdanken wir nicht zuletzt asiatischen Meditationstechniken. Vor allem Yoga und Zen haben in den letzten Jahrzehnten im Westen enorme Verbreitung gefunden. Diese »östliche« Meditationspraxis ist im Christentum jedoch umstritten. Für die ganz »Liberalen« besteht nahezu kein Unterschied etwa zwischen Zen und christlicher Meditation. Sehr konservative, bibeltreue Christinnen und Christen hingegen wittern in allem »Fernöstlichen« Selbsterlösung und Teufelswerk. Bei genauerem Hinsehen zeigen sich viele Gemeinsamkeiten, aber auch deutliche Unterschiede, wie man am Beispiel der Zen-Meditation erkennen kann.

Zen bedeutet wörtlich: »Sammlung des Geistes« und ist ein buddhistischer Schulungsweg, der zu einem tieferen Bewusstsein führt. Dabei sollen die ichhaften Wünsche, Projektionen und Vorstellungen losgelassen werden. Der Übende soll ins Hören kommen und dieses Hören kommt aus dem Schweigen, aus dem Nicht-Tun. »Ziel« oder Höhepunkt der Zen-Erfahrung ist das *Satori*, die Erleuchtung. Das *Satori*-Erlebnis wird sehr unterschiedlich beschrieben. Für manche ist es ein heftiges Durchbruchserlebnis, das von blitzartiger Klarheit und intensivem inneren Erkennen gekennzeichnet ist. Für andere vollzieht sich *Satori* als langsamer Wachstumsprozess zu größerer Freiheit und Gelassenheit.

Beim Zen-Üben spielen folgende Faktoren eine wichtige Rolle: Zunächst das *zazen*, das Sitzen, also die Meditation im Hocksitz. Zazen wird in *sesshins*, in Perioden intensiven Übens praktiziert, die meist eine Woche oder zehn Tage dauern. Sehr wichtig ist darüber hinaus eine starke Bindung an den *Lehrer*, der die Übenden führt und begleitet. In den traditionellen Zen-Schulen sind außerdem *Koans* von großer Bedeutung. Koans sind Sätze, Geschichten oder Fragen, auf die es keine rationale Antwort gibt. Ein klassischer Koan lautet beispielsweise: »Was ist das Klatschen einer Hand?« Der Lehrer gibt dem Schüler einen Koan, damit er seinen Verstand daran »abarbeitet«, bis er erkennt, dass der Verstand ab einem bestimmten Punkt keine Anworten mehr zu geben vermag. Erkennt er das, hat er einen wichtigen Schritt zur Erleuchtung getan.

Es gibt sehr auffällige Gemeinsamkeiten mit den Wegen und Erfahrungen christlicher Meditation:

- Das »Ziel« wird überraschend ähnlich dargestellt: Ein Leben in Offenheit, Demut, Einfachheit, Bescheidenheit, Mitgefühl, Liebe. Was Meister Eckhart als »Gottesgeburt« in der Seele, andere Mystiker als »Vereinigung mit Gott« beschreiben, hat große Ähnlichkeiten mit dem Erlebnis der Erleuchtung im Zen.

- Der Weg über das Loslassen und Nicht-Tun ist dem christlichen Weg sehr ähnlich. Meister Eckhart spricht von »Abgeschiedenheit«, Gerhart Teerstegen von «Lassen« oder »Gelassenheit«.

- In Zen und christlicher Meditation steht im Hintergrund das Wissen, dass es ein »wahres Sein« gibt, das auf einer anderen Ebene liegt und erfahren wird als es das »normale« Bewusstsein vermag. Das Christentum nennt dieses wahre Sein »Bild Gottes«, im Zen heißt es »wahrer Mensch ohne Rang«. Beiden Wegen ist gemeinsam, dass man sich durch Übung der Erfahrung dieses wahren Seins nähern kann.

- Das Erlebnis der Erleuchtung (Zen) bzw. der Erlösung wird im Christentum und im Zen als Geschenk beschrieben. Satori ist Gnade; es ist nicht machbar, genau wie die Erlösung durch Christus ein Geschenk ist, das wir uns nicht verdienen können. Insofern trifft der Vorwurf nicht zu, Zen sei Selbsterlösung. Die Passivität bei der Erlösung, das Geschenkhafte steht bei beiden im Vordergrund.

Man könnte sogar die Behauptung wagen, dass gerade das lutherisch geprägte Christentum und Zen eine gewisse Ähnlichkeit haben. Luther hat immer wieder betont, dass wir nichts, aber auch gar nichts zu unserer Erlösung tun können. Nun wird, wer länger meditiert, feststellen, dass wir immer etwas tun, um vor Gott und vor den anderen gut dazustehen. Wir brauchen immer

Buchmalerei, Rupertsberger Codex,
12. Jahrhundert

etwas Äußeres, woran wir uns hängen, worüber wir uns definieren, womit wir uns »rechtfertigen«, wie Luther sagen würde. Wenn wir meditieren, lernen wir allmählich, dass wir wirklich nichts tun können und brauchen: Meditation ist gleichsam eine Einübung in die »Rechtfertigung *allein* aus Glauben« – ohne Netz und doppelten Boden. Und genau um dieses Passiv-Werden geht es auch im Zen. Es geht um Aufhören, Schweigen und Verzicht auf jede Aktivität, um fähig zu werden, auf das Sein zu hören.

Zen ist wohl deswegen auch für viele westliche Menschen so attraktiv, weil der Zen-Weg nahezu voraussetzungslos gegangen werden kann. Man muss nicht viel wissen, man muss sich nicht in eine fremde Religion oder Weltanschauung einarbeiten und hineindenken, sondern kann unmittelbar beginnen zu üben.

Das wichtigste Element aus dem Zen, das in fast alle christliche Meditationsschulen eingegangen ist, ist die »Achtsamkeit«: die genaue Beobachtung dessen, was gerade in mir vorgeht, um Abstand und Freiheit davon zu gewinnen. Diese exakte Selbstbeobachtung ist auch in vielen christlichen Wegen angelegt, aber im Zen ist sie am prägnantesten formuliert und beschrieben.

Folgende deutliche Unterschiede zwischen Zen und christlicher Meditation lassen sich ausmachen:

- Für das Christentum ist das Ziel und Gegenüber der Meditation Gott, der ein ansprechbarer »Partner« ist. Im Zen gibt es ein solches personales Gegenüber nicht. Ziel des Übens ist es, zum »wahren Sein« zu finden.
- Im Christentum gibt es eine »objektive Erlösung«: Gott liebt uns, Christus hat die Menschheit erlöst. Dies gilt unabhängig davon, ob wir es glauben und erfahren oder nicht. Wir können uns darauf verlassen, auch wenn wir es nicht erleben.

- Die Erfahrung von Gottes Nähe kann von Gott auch unmittelbar, ohne jedes Üben, ohne jede Vorbereitung geschenkt werden. Im Zen scheint das so nicht der Fall zu sein.

Dennoch zeigt die Erfahrung, dass wir uns immer wieder von der unmittelbaren Erfahrung Gottes entfernen und entfremden. Das »innere Licht« wird nur allzu leicht verdunkelt und wir verlieren uns im Vordergründigen. Darum ist es für die meisten Christinnen und Christen gut und hilfreich, sich in die Gegenwart Gottes einzuüben und den Kontakt zu ihm immer wieder zu suchen. Diesem Einüben wollen wir uns jetzt zuwenden.

Übungen
und Anleitungen

Grundlagen

Wie fange ich an?
Nach meiner Erfahrung ist Meditation – gerade am Anfang
– ein Hin und Her aus Präsenz und Abwesenheit. Das
heißt: Ich bin bei dem, was jetzt ist: bei der Wahrnehmung
der Natur und des Atems oder bei der Betrachtung eines
Bibeltextes. Und doch schweife ich immer wieder ab, fange an um Sorgen oder Probleme zu kreisen und habe Mühe zurückzukehren. Mir persönlich hilft es dann immer
wieder, wenn ich mir sage: Ich habe jetzt 20 oder 30
Minuten Meditation vor mir und ich möchte nichts anderes tun, als diese Zeit gut zu verbringen. Ich möchte nichts

anderes tun und ich muss auch nichts anderes tun als das; ich muss nicht über Probleme oder über meine Vergangenheit nachdenken, sondern kann jetzt einfach hier sein. Franz Jalics empfiehlt ein kurzes Hingabegebet, um dies festzumachen: »Ich schenke diese Zeit jetzt dir, Gott.«

Wer überhaupt noch nie meditiert hat, beginnt am besten mit kleinen Schritten. Die Wahrnehmungsübungen können helfen, ruhig zu werden und die richtige innere »Spannung« zu finden. Gut ist es, sich am Anfang nicht zu überfordern, sich nicht zu viel vorzunehmen, sondern sich Zeit zu lassen. Ein oder zwei Wochen lang täglich eine kurze Wahrnehmungsübung zu machen und dann weiter zu gehen ist besser, als gleich täglich eine halbe Stunde sitzen zu wollen. Im Laufe der Zeit werden Sie ein Gespür dafür entwickeln, wieviel gut für Sie ist.

Wenn Sie regelmäßig meditieren, sollten Sie psychisch gesund (soweit sich das definieren lässt) und normal belastbar sein. Wenn Sie an diesem Punkt Bedenken haben, z.B. stark depressiv veranlagt sind, sprechen Sie bitte zuerst mit einem Arzt oder Psychologen, der Sie kennt, bevor Sie zu meditieren beginnen.

Wann und wie lange soll ich meditieren?
Wenn Sie regelmäßig meditieren möchten, tun Sie es möglichst täglich. Ich persönlich finde es angemessen sich anfangs ca. 20 Minuten, später dann etwa 45 Minuten Zeit zu nehmen: Einige Minuten, um ruhig zu werden, dann ca. 10, später 30 Minuten Meditation und dann einige Minuten der Rückschau und Verarbeitung dessen, was geschehen ist und was man erfahren hat. Hilfreich ist es übrigens, sich eine Stoppuhr oder einen Wecker zu stellen, möglichst eine digitale Uhr (kein störendes Ticken). So muss man nicht ständig auf die Uhr sehen.

Suchen Sie sich für Ihre Übungen einen festen Ort in

Ihrer Wohnung, an dem Sie sich wohlfühlen. Richten Sie sich dieses Platz geschmackvoll her: mit Kerzen, Tüchern, einer Blume…

Jeder Mensch hat »seine« Tageszeit. Mein beruflicher Alltag als Pfarrer ist sehr unterschiedlich strukturiert. Meistens nutze ich eine lange Mittagspause zur Meditation. Für Menschen mit Familie kommt fast nur der Abend in Frage, wenn das »Tagwerk« getan ist. Wer morgens leicht wach wird, kann gut die Morgenstunde vor dem Frühstück nutzen. Seien Sie sich bitte bewusst, dass es Zeit und Energie kostet, regelmäßig in die Stille zu gehen. Es ist zwar kein weiterer »Termin«, aber dennoch muss die Zeit reserviert werden und die Übungen verlangen Ihre seelische Energie.

Die richtige Haltung

Für die meisten Menschen ist ein Meditationshocker (ein Hocker mit abgeschrägter Sitzfläche) der richtige Sitz. Manche haben Schwierigkeiten mit dem Knien und fühlen sich auf einem Stuhl wohler. Meiner Meinung nach ist es nicht so wichtig, worauf man sitzt (man kann auch Kissen benutzen). Wichtiger ist, dass eine gute Haltung möglich wird. Dazu müssen Sie Ihre Sitzknochen spüren:

Wenn Sie einmal im Sitzen unter ihr Gesäß fassen, dann können Sie diese Sitzknochen spüren. Und wenn Sie sie ein wenig abtasten, dann spüren Sie, wie kräftig diese Knochen sind. Auf diesen Sitzknochen sollte Ihr Gewicht ruhen.

Wenn Sie das Gefühl haben: »Jetzt weiß ich, wo meine Sitzknochen sind«, kippen Sie das Becken leicht nach vorne, so dass das Gewicht Ihres Oberkörpers wirklich auf den Sitzknochen zum Ruhen kommt. Kippen Sie das Becken jedoch nicht so weit nach vorne, dass Sie ein Hohlkreuz machen. Die Beckenkippung sollte so weit gehen, dass Sie sich nicht mehr auf der Lendenwirbelsäule abstützen.

Achten Sie auch darauf, dass Ihr Kopf frei auf der Wirbelsäule ruht. Tragen Sie ihren Kopf so, als hätten sie eine Krone auf dem Kopf.

Die Augen sind entweder geschlossen oder leicht geöffnet, sodass Sie einen Punkt etwa zwei Meter vor sich auf dem Boden sehen können. Fixieren Sie aber diesen Punkt nicht. Manchmal kann es helfen, die Augen offen zu halten, um nicht – bei geschlossenen Augen – ins Irreale abzugleiten oder zu fliehen.

Was ist, wenn ich unruhig werde, mich nicht konzentrieren kann?
Unruhe, mangelnde Konzentration oder Verwirrung gehören dazu. Meditation macht nicht automatisch ruhig, sie kann zunächst auch verborgene Unruhe bewusst machen. Das darf sein. Wenn Sie »Neueinsteiger« sind, dann gönnen Sie sich diese Abschweifungen, lassen Sie sie zu. Achten Sie nur darauf, dass Sie immer wieder zurückkehren ins Hier und Jetzt. Stellen Sie sich vor, die Probleme und Sorgen, um die Sie kreisen, schwimmen auf einem Fluss an Ihnen vorbei. Lassen Sie sie vorüberziehen; sie werden weiterschwimmen. Sie können sich entscheiden, dass Sie jetzt nicht über dieses Problem nachdenken oder an jene Sorge denken wollen. Das können Sie später tun – reservieren Sie sich Zeit dafür und entscheiden Sie sich, ob es sich lohnt, dem Problem so viel Zeit zu widmen.

Was ist, wenn ich Schmerzen habe?
Häufig treten Rückenschmerzen oder Verspannungen in den Schultern auf. Wer chronische Rückenbeschwerden hat, sollte sorgfältig prüfen, ob es gut ist zu meditieren und ggf. eine andere Sitzhaltung wählen (vielleicht angelehnt).

Verspannungen im Rücken oder in den Schultern können sehr störend und ablenkend sein. Es gibt keine »Methode«, sie loszuwerden. Mir hilft es zu sagen: »Aha, die Schultern tun mir jetzt weh. Ärgerlich, das kann ich jetzt nicht brauchen, aber es ist nun mal so; es darf auch so sein, ich muss es akzeptieren; der Schmerz gehört jetzt zu mir«. Oft – nicht immer – ist es dann so, dass ich noch ein paar Minuten lang die Schmerzen fühle: dann sind sie weg oder ich habe sie aus meinem Bewusstsein ausgeblendet. Natürlich hilft es auch, bei einem verspannten Rücken die Sitzhaltung zu überprüfen und zu korrigieren. Das entkrampft auf jeden Fall.

Manchmal ist es gut, bewusst an die Stelle im Körper »hinzuatmen«, die schmerzt, mir also beim Einatmen vorzustellen, dass ich die Atemluft zu jener Stelle schicke.

Das Prinzip des Umgangs mit Schmerzen und anderen Störungen lautet immer:

- Schmerz darf da sein, aber ich schenke ihm nicht meine ganze Aufmerksamkeit.
- Schmerzen oder auch äußerer Lärm müssen nicht immer eine Störung darstellen. Man kann sie auch als Weg begreifen, im Hier und Jetzt zu sein, in der konkreten Wirklichkeit.
- Es kann Schmerzen geben, die nicht körperlich, sondern seelisch bedingt sind. Seelische Verspannungen und Konflikte können sich in körperlichen Schmerzen »inkarnieren« und gerade beim Meditieren spürbar werden. Erfahrene Meditationslehrer sprechen davon, dass es in diesem Fall keine andere Möglichkeit gibt, als solche Schmerzen zu durchleiden. Sie werden irgendwann aufgelöst.

Redend oder schweigend beten?
Aus der klassischen christlichen Meditationstradition ist ein Viererschritt überliefert:

Lectio	(Lesung eines biblischen Textes)
Oratio	(mündliches Gebet)
Meditatio	(Betrachtung des Textes nach bestimmten Regeln)
Contemplatio	(schweigendes inneres Gebet der Vereinigung mit Gott)

Die ersten drei Schritte sind methodisierbar; man kann sie üben. Der letzte Schritt, die Kontemplation ist ein Geschenk. Man kann sie nicht »lernen«. Sie ist eine Erfahrung des Seins bei Gott oder in Gott, ein Gespräch der Seele mit Gott, das sich schweigend vollzieht. Die Kontemplation kann nicht erzwungen werden. Wenn sie geschieht, dann ist es eine wunderbare, öffnende und tröstende Erfahrung.

In der Meditation sollte beides Platz haben, das mündliche Gebet und die Offenheit für das schweigende, kontemplative Gebet. Man kann vor der Meditation um Sammlung oder Erleuchtung bitten. Ich persönlich pflege die Meditation mit einem gesprochenen freien Gebet abzuschließen. Das kann ein Dank sein, eine Klage, eine Bitte oder Fürbitte oder auch das Aussprechen dessen, was mich bewegt oder beschäftigt, im Wissen, dass Gott da ist und mich hört.

Brauche ich einen Lehrer oder eine Lehrerin?
Die Frage ist nicht einfach zu beantworten. In allen östlichen Meditationsschulen, vor allem im Zen, geht es nicht ohne einen Lehrer. Der Lehrer hat das, was der Schüler noch nicht kennt, bereits erfahren. Er besitzt bereits die Freiheit, die der Schüler noch nicht hat, und lebt in ihr. Zwischen Lehrer und Schüler spielt sich ein »Übertragungsgeschehen« ab. Der Lehrer wird zum Vorbild, der Schüler spiegelt sich in ihm und kann so immer mehr von dem integrieren, was der Lehrer ihm geben will. Umgekehrt erfährt der Lehrer am Schüler, wie sich das, was er erfahren hat, profiliert und Gestalt bekommt. Er entdeckt seine Kompetenzen, aber auch seine Grenzen.

Das Christentum hat eine zurückhaltende Einstellung zu Gurus und Lehrern. Jesus lehnt die Anrede »Meister« im Neuen Testament ab. Er betont immer wieder, dass für jeden Menschen der Weg zum Vater unmittelbar und direkt offensteht, dass es keine Meister und Autoritäten zur Vermittlung braucht.

Zudem gibt es in unserem Bereich des Christentums wenig wirklich reife spirituelle Lehrer oder Lehrerinnen. Wahrscheinlich gibt es in Europa im christlichen Bereich kaum jemanden, der einem östlichen Meister vergleichbar wäre.

Meine Erfahrung ist, dass es im Bereich Meditation und Spiritualität – wenn man nicht den großen »Guru« sucht – viele Menschen gibt, die auf ihre Weise etwas zu sagen und zu geben haben. Jeder und jede von ihnen hat ein spezielles Profil und besondere Stärken. Es kommt darauf an, die Person zu finden, die zu einem passt, die einem voraus ist und zu der man Vertrauen hat. Wenn man sich einlassen kann, dann kann man von einem Lehrer oder einer Begleiterin wesentlich mehr lernen als aus Büchern.

Seit einigen Jahren gibt es auch immer mehr gut ausgebildete Exerzitienbegleiterinnen und -begleiter, vor allem im Großraum München und Frankfurt sowie in Österreich. Mit einem Begleiter oder einer Begleiterin zu sprechen hilft, mit individuellen Problemen bei der Meditation besser fertig zu werden und seinen eigenen Weg und Stil zu finden.

Kurse und Exerzitien im Alltag
Im Adressteil sind nur einige wenige Einkehrhäuser und Meditationszentren aufgeführt. Das gesamte Angebot ist unüberschaubar. Für alle, die kontinuierlich meditieren möchten, empfiehlt es sich, regelmäßig ein Meditationswochenende oder sogar einen Wochenkurs zu besuchen. Erfahrungsgemäß verlieren sich Selbstdisziplin und Motivation im Alltag nach und nach. Darum ist es gut, für einige Tage wieder intensiv, ohne Ablenkungen und ohne sich um etwas kümmern zu müssen, in die Stille zu gehen. Das tut gut und stärkt die Motivation, sich im Alltag Zeit zur Meditation zu nehmen. Man kann es hier aber auch übertreiben: Wer von Meditationswoche zu Meditationswoche reist, ist wahrscheinlich auf der Flucht.

Derzeit hoch im Kurs sind »Exerzitien für den Alltag«. Sie werden auch immer häufiger von Kirchengemeinden oder kirchlichen Bildungszentren, vor allem in den Ballungsräumen angeboten. Exerzitien im Alltag bestehen meist aus mehreren Einheiten. Die Teilnehmenden treffen sich einmal wöchentlich, meditieren gemeinsam und erhalten Informationen und »Aufgaben« für die Meditation in der jeweiligen Woche. Gerade für Anfänger und An-fängerinnen sind Alltagsexerzitien eine gute Einstiegs-möglichkeit.

Wenn man keine Möglichkeit hat, an einem Kurs teilzunehmen, kann man nach Anleitungsbüchern vorgehen. Im Literaturteil habe ich die Bücher von Anselm Grün, Franz Jalics und Granda/Jaumann/Körner angegeben. Entweder man zieht sich damit für acht bis zehn Tage zurück und geht Tag für Tag eine Einheit durch oder man nimmt sich im Alltag die entsprechende Zahl von Wochen, um jeden Schritt mitzugehen.

Widerstände gegen die Stille

Oft bedeutet es einen Kampf, die Stille zu finden. Äußere und innere Widerstände halten uns davon ab. Unsere Gesellschaft stellt uns immer wieder das Ideal des flexiblen, dynamischen, immer offenen und kommunikationsbereiten Menschen vor Augen. Für Rückzug und Stille ist da wenig Platz. Die meisten von uns sind Tag für Tag einer hohen Geräuschkulisse ausgesetzt. Nicht nur dem Verkehrslärm, auch der ständigen Berieselung durch Radio und Fernsehen. In vielen Kaufhäusern und Einkaufszentren läuft Musik. Manchmal scheint es so als wollte jemand verhindern, dass wir still werden. Offenbar müssen wir permanent bei Laune gehalten werden, damit wir nicht auf dumme Gedanken kommen. Ich gehe regelmäßig ins Fitnessstudio, gerne nachmittags, wenn es dort leer ist. Aber in allen Räumen läuft ein Radiosender, und das relativ laut, so dass es mir kaum gelingt, ruhig und gesammelt meine Übungen zu machen. Das ärgert mich immer mehr. Auch bei Hausbesuchen als Pfarrer muss ich mit den Menschen, mit denen ich eigentlich sprechen will, oft gegen den Fernseher anreden, der ununterbrochen läuft. Selbst in unseren Gottesdiensten ist kein Platz für die Stille. Auch hier redet der Pfarrer auf uns ein, wenn nicht gerade gesungen oder gebetet wird.

Dabei ist die Sehnsucht nach Stille und Ruhe gewaltig. Viele wollen dem Lärm entfliehen. Es gibt zum Beispiel zahlreiche Menschen, die gerne auf Friedhöfen spazieren gehen, weil es dort so ruhig ist. Andere suchen die Stille in einer leeren Kirche oder in den Bergen. Die oft so kritisierte Parole »Man kann Gott auch im Wald finden« ist gar nicht so verkehrt; denn die Natur ist ein Raum der Stille.

Häufig liegen die Widerstände gegen das Schweigen auch im Inneren. Wenn man schweigt, könnten Gefühle, Erinnerungen, Fragen hochkommen, mit denen man sich lieber nicht befassen will. Es könnte sich ein innerer Abgrund auftun, die Stille könnte zum dumpfen Schweigen werden. Es braucht eine Anlaufzeit, bis die Stille zum »gefüllten Schweigen« wird.

Gerade für Menschen, die oft allein sind und darunter leiden, kann das Einüben in die Stille schwierig sein. Die Leere, die ohnehin schon da ist, wird ihnen vielleicht noch stärker bewusst. Und dann kann es geschehen, dass das Einüben in die Stille dazu führt, dass man sich jemanden zum Reden sucht, weil man spürt, wie leer das Schweigen sein kann.

Es ist wichtig, dass wir uns dieser Widerstände bewusst werden. Wir sind nur relativ frei. Wir sind auch in überpersönlichen Mechanismen gefangen, die auf unser Lebensgefühl und unsere Lebenshaltung wirken. Wenn wir schweigen, kämpfen wir auch gegen kollektive Muster und gesellschaftliche Trends an.

In Zeiten und Phasen, in denen »nichts« geht, in denen

es nicht gelingt, ruhig zu werden, in denen auch kein Kontakt zu Gott möglich scheint, spielt das eine Rolle. Manchmal sind die Außeneinflüsse oder der persönliche Stress zu groß. Es ist in diesem Fall zunächst sinnvoller sich zu entspannen oder zu erholen. Sollte es bei Ihnen jedoch wirklich so sein, dass Sie dauerhaft keine Zeit und keine Ruhe zur Meditation finden, dann haben Sie zu viel um die Ohren. Versuchen Sie, Aktivitäten zu reduzieren, so dass Sie mehr Freiraum haben.

Es kann aber auch sein, dass der Widerstand eine andere Ursache hat: Sie stehen vor einer seelischen Blockade oder einem inneren Entwicklungssprung, der »fällig« ist, vor dem Sie aber Angst haben. Prüfen Sie das nüchtern, und wenn dem so ist, dann sollten sie dem sorgfältig und achtsam nachgehen und vielleicht auch die Hilfe eines erfahrenen Menschen in Anspruch nehmen.

Schließlich ist es auch möglich, dass etwas zwischen Ihnen und Gott steht: Irgend etwas in Ihrer Lebensgeschichte, womit Sie nicht fertig werden, Verletzungen, Schuld, etwas, das schiefgelaufen ist, oder eine tiefgreifende Beziehungsstörung in Ihrem Umfeld, die Ihre Seele in Unordnung bringt. Dann ist es gut, wenn Sie jemanden aufsuchen, mit dem Sie darüber sprechen und eventuell auch Schuld in einer formellen Beichte loswerden können.

Zu den Übungen
Die folgenden Übungen wollen in die Meditation einführen und Grundlagen vermitteln. Sie wollen einen Überblick geben. Sie sollen helfen, die Bandbreite christlicher Meditation kennenzulernen und das zu finden, was einem selbst guttut. Wer sich dann »spezialisieren« möchte, kann das anhand des Literatur- und Adressteils tun.

Die »Wahrnehmungsübungen und Vorübungen« sollen zur Meditation hinführen. Sie sollen helfen, sich an das Schweigen zu gewöhnen und den Blick für die einfachen, elementaren Dinge des Lebens stärken (Natur, Atem, Grundgebärden des Lebens).

Die »klassischen Meditationsübungen« sind zum Teil sehr alt. Sie haben sich über Jahrhunderte bewährt. Sie sind sozusagen die Basisübungen, die man wirklich regelmäßig machen sollte, wenn man sich auf den Weg der Stille begibt.

Die »Übungen mit einem bestimmten Thema oder Gegenstand« betreffen bestimmte Teile oder Themen unseres Lebens. Man kann Sie ausprobieren, mit ihnen experimentieren und auch für sich verändern.

Am Ende stehen 10 Tipps zur Meditation und Achtsamkeit im Alltag.

Wahrnehmungsübungen und Vorübungen

Naturerfahrung

Machen Sie einen Spaziergang in der Natur. Versuchen Sie unterwegs einfach das wahrzunehmen, was ihnen begegnet. Einen Baum, ein Blatt, das Licht oder den Himmel. Betrachten Sie eine Blume oder einen Baum: »Schauen« Sie einfach! Oder hören sie einem Vogel zu, der singt. Versuchen Sie, reflektierenden Gedanken oder analytischen Denkvorgängen nicht so viel Raum zu geben. Seien Sie einfach da, in der Wahrnehmung, bei dem, was ist. Es geht darum zu schauen, nicht zu beobachten. Wenn Sie wieder nach Hause kommen, versuchen Sie, ihre Eindrücke mitzunehmen. Vielleicht empfinden Sie Freude oder Dankbarkeit. Vielleicht malen Sie auch, um dem, was sie erlebt haben, Ausdruck zu verleihen.

Diese Übung ist eine ganz elementare Grundübung. Es ist gut immer wieder zu ihr zurückkehren. Gerade für

Neulinge in der Meditation empfiehlt es sich, diese Übung eine Woche lang jeden Tag zu machen, bevor man zu andern Übungen übergeht.

Die Ros' ist ohn' Warum,
sie blühet, weil sie blüht.
Sie acht nicht Ihrer selbst,
fragt nicht, ob man sie sieht.   Angelus Silesius

Die Wahrnehmung des Atems

Legen Sie sich mit dem Rücken auf den Boden. Es ist gut, eine Decke unterzulegen und unter den Kopf ein Kissen zu legen, damit der Nacken sich nicht verspannt. Schließen Sie die Augen und atmen Sie mehrere Male tief durch die Nase. Dann atmen sie flacher – so, wie der Atem kommt und geht. Versuchen Sie, den Atem zu beobachten. Nach einer Weile können Sie Ihrem Atem zusehen. Es atmet in Ihnen. Der Ausatem entweicht von selbst und auch der Impuls zum Einatmen kommt von selbst. Folgen Sie diesem Wechselspiel eine Weile.

Dann folgen Sie der Luft, die Sie einatmen. Spüren Sie, wie Sie über Ihre Nasenflügel streift, wie sie die Nase innen empor fließt und wie sie in den Rachenraum gelangt. Vielleicht können Sie auch spüren, wie die Luft durch den Kehlkopf nach unten in die Luftröhre fließt. Wenn Sie nicht alles wahrnehmen können, macht das nichts. Bleiben Sie einfach bei dem, was Ihnen jetzt leicht gelingt. Sie müssen nichts erreichen. Im Lauf der Zeit wird sich Ihre Wahrnehmung vertiefen und erweitern.

Der Atem steht für die Lebenskraft, die uns trägt und erfüllt. Im Einatmen nehmen wir diese Lebenskraft auf, im

Ausatmen geben wir sie wieder zurück, lassen sie los, um gleich darauf wieder neuen Atem zu empfangen.

du da du schon alles weißt,
mag ich nicht beten –
tief atme ich ein
lang atme ich aus
und siehe:
du lächelst   Kurt Marti

Die Schale

Legen Sie sich wieder flach auf den Rücken. Legen Sie ihre Hände so auf den Bauch, dass die Handflächen zwischen Schambein und Bauchnabel liegen und die Mittelfinger einander berühren. Folgen Sie mit den Händen der Bewegung des Bauchs beim Einatmen und beim Ausatmen.

Dann legen Sie die beiden Hände mit den Handrücken nach oben unter den Körper, und zwar unter das Kreuzbein (etwa in der Höhe des Hosenbundes). Folgen Sie der Atembewegung an dieser Stelle eine Zeit lang; denn auch hier hebt und senkt sich der Rücken mit der Atmung, allerdings ist hier nur eine leichte Erweiterung zu spüren.
Lassen Sie nun eine Hand unter dem Kreuzbein liegen, die andere Hand legen Sie wieder auf den Bauch. Nehmen Sie nun den ganzen Raum wahr, den Ihre Hände umschließen. Nehmen Sie diesen Raum ein, beanspruchen Sie ihn.

Der Bereich, den Sie mit den Händen umschließen ist unsere Körpermitte, die »Schale«. Im Zen wird sie *Hara* genannt. Dieser Bereich ist der Sitz und das Zentrum unserer

Energie. In diesem Raum liegt auch die Quelle unseres Atems. Hier spüren wir unser Zentrum und unsere Tiefe, unser »Wesen«. Diese Grundübung (»ins Hara kommen«) ist eine gute Vorübung zu jeder Meditationsübung. Aber auch im Alltag kann die Wahrnehmung dieses inneren Raums hilfreich sein, vor allem vor Situationen, die so komplex oder aufregend sind, dass man sich leicht verliert. Versuchen Sie vorher ins Hara zu kommen. Meist ist dann Ihr Stand sicherer, die Gefühle und Gedanken fließen leichter. Sie sind näher bei sich.

Hara heißt durchlässig sein für das Größere, für Gott. Wahres Selbstvertrauen wächst durch den Leib nur dann, wenn ich es aufgebe, meine Ansprüche und Maßstäbe aufrechtzuerhalten. Ich muss bereit sein, mich selbst loszulassen, mich Gott anzuvertrauen, der allein mir wahren Halt und Selbstwert schenkt.

Anselm Grün

Mandalameditation

Mandalas sind uralte Meditationsbilder aus der indischen und tibetischen Tradition. Sie sind auch in der christlichen Überlieferung bekannt. Ein Beispiel dafür sind die Fensterrosetten gotischer Kirchen.

Mandala ist das altindische Wort für Kreis. Im weiteren Sinne ist ein Mandala ein Bild, das Figuren und Kreise um eine Mitte herum ordnet.

In der östlichen Tradition sind Mandalas Bilder für die seelische Ganzheit des Einzelnen, aber auch Abbildungen einer überpersönlichen kosmischen Ordnung.

Der Tiefenpsychologe C.G. Jung hat die Bedeutung von Mandalas für den seelischen Reifungsweg erkannt. Er glaubt, dass Mandalas wie Magnete wirken, die widersprüchliche und oft miteinander im Streit liegende Seelenanteile integrieren und Spaltungen heilen. Die äußeren

Bilder von Einheit und Integration wirken auf die seelische Integrationskraft in uns und regen sie an.

Mandalas können betrachtet und ausgemalt werden – entweder als Vorübung zur Meditation, um ruhig werden und sich zu sammeln oder als Gegenstand der Meditation selbst.

Tibetisches Mandala

Beim Betrachten oder Malen eines Mandalas begegnen Sie einem Stück Ihrer inneren Welt. Sie sind eingeladen, es anzusehen und absichtslos zu verweilen. Sie können erfahren, dass Sie nicht aus einzelnen Stücken bestehen, die Sie auseinanderreißen, sondern dass es eine Mitte gibt, von der her alles Sinn und Ordnung bekommt. Sie sind auf dem Weg zum Einssein.

- Zum Ausmalen eignen sich nicht allzu dicke Filzstifte oder besser normale Buntstifte. Sie sollten möglichst viele verschiedene Farben haben.
- Man muss ein Mandala nicht auf einmal ausmalen. Sie können sich zum Beispiel auch ein Wochen-Mandala suchen, von dem Sie jeden Tag ein Stück malen.
- Sie müssen auch nicht das ganze Mandala ausmalen. Ein Wechselspiel aus weißen und farbigen Flächen kann sehr reizvoll sein.
- Ein Mandala lässt sich auch gut zu zweit ausmalen, gewissermaßen als Partnerübung. So kann ein gemalter Dialog entstehen, man kommt gemeinsam zur Ruhe und hat vielleicht etwas, worüber man sich austauschen kann.

Die Sonne formt das Tagkristall
In Gräsern, Baum und Strauch;
Ihr eignes Maß wird überall
Gestalt; und in mir auch.

Im innersten Zusammenhang
Der Mitte halten sich
Die Stille und der Vogelsang,
Die anderen und ich.   Max Löwenthal

Gebärdenmeditation
Die folgende Gebärdenmeditation umfasst drei Grundhaltungen unserer Existenz. Sie trägt zur Sammlung bei und macht zugleich unseren »Radius«, unsere Ausdehnung bewusst.

Stehen Sie dazu zunächst eine Weile fest gegründet auf dem Boden. Die Arme hängen locker seitlich herunter, die Kniegelenke sind »offen«, das heißt weder durchgestreckt noch gebeugt. Die Füße stehen etwa hüftbreit auseinander. Der Kopf ruht auf der Halswirbelsäule.

Stehen Sie eine Weile so und werden Sie ruhig.

Dann strecken Sie ihre Arme seitlich weit aus. Die Handflächen zeigen nach vorne:
»Ich bin eingebunden in ein Netz von Beziehungen. Ich bin mit anderen Menschen verbunden. Ich bin mit der Schöpfung verbunden. Ich bin nicht allein. Ich bin offen und empfänglich. Wenn ich nicht offen wäre, nicht empfangen und nehmen würde, bliebe mein Leben leer und langweilig. Nichts Neues würde passieren.«

Kreuzen Sie nun die Arme vor der Brust:
»Ich existiere aber auch für mich. Ich bin unterschieden und unabhängig von anderen. Ich bin ein Individuum, typisch und unverwechselbar. Ich brauche es, für mich zu sein und nur bei mir zu sein. Nur so kann ich auf andere zugehen und mich anderen öffnen.«

Strecken Sie die Hände in Schulterhöhe wieder seitlich aus. Dann bewegen Sie die Unterarme nach oben, so dass sie einen rechten Winkel zu den Oberarmen bilden. Die Handflächen zeigen nach vorne, wie bei einer Segensgeste:
»Ich befinde mich im Gegenüber zu anderen. Ich bin mit ihnen verbunden und bleibe doch unterschieden von ihnen. Ich gebe anderen etwas weiter. Ich gebe etwas von meiner Zeit, von meinen Erfahrungen, von meinen Begabungen. Es gehört zu meiner Berufung, zu meiner Lebensbewegung, dass ich gebe, dass ich etwas von mir mitteile. Ich bin ein Segen für andere.«

Greifen und festhalten kann ich seit der Geburt.
Teilen und Schenken musste ich lernen.
Jetzt übe ich das Lassen.　　　　Kyrilla Spiecker

Klassische Meditationsübungen

Sitzen

Das stille Sitzen ist die meditative Grundübung schlechthin. Diese Übung hilft Ihnen, sich innerlich zu sammeln und in einen guten Ruhezustand zu kommen.

Setzen Sie sich auf ihren Meditationssitz (Hocker oder Stuhl). Fassen Sie mit den Händen unter Ihr Gesäß und fühlen Sie Ihre Sitzknochen. Um ein besseres Gespür für diese Sitzknochen zu bekommen, lassen Sie Ihren Rumpf – im Sitzen – mehrere Male um diese Sitzknochen kreisen: Je fünfmal rechts- und linksherum um den rechten Sitzknochen, dann das Gleiche um den linken. Abschließend lassen Sie den Oberkörper fünfmal um beide Sitzknochen kreisen. Dann kippen Sie Ihr Becken leicht nach vorne, sodass der Oberkörper auf den Sitzknochen ruht und nicht von der Lenden- und Steißbeinwirbelsäule gestützt wird. Der Kopf ruht auf der Halswirbelsäule, fast als würde er schweben. Die Hände liegen entspannt auf den Oberschenkeln.

Dann versuchen Sie, einfach 20 Minuten in der Stille zu sitzen und in der Gegenwart zu sein. Da ist vieles in Ihnen und um Sie herum, was Sie ablenkt und beschäftigt: Außengeräusche, Lärm von draußen, körperliche Schmerzen, Gedanken und Gefühle, Ängste und Sorgen. Aber es gibt auch einen Punkt, zu dem Sie immer wieder zurückkehren können. Ihre Mitte, die Gegenwart, Ihr Entschluss, jetzt diese Zeit einfach dazusein und nichts darüber hinaus zu wollen. Ihre Bereitschaft, diese Zeit Gott zu schenken. Kehren Sie immer wieder in die Gegenwart zurück. Was Sie beschäftigt und stört, löst sich immer mehr und Sie kommen immer mehr zur Ruhe.

Erst mit der großen Stille fängt die Seele an zu schreiben
Und lässt uns sanft und sicher werden
Und sorgt dafür, dass unsre Augen milde bleiben.

Hanns Dieter Hüsch

Das Jesusgebet

Das Jesusgebet ist ein Mantra-Gebet. Beim Mantra-Gebet wird ein Wort unablässig wiederholt: Im Christentum ist es der Name Jesu, der Satz »Herr Jesus Christus, Sohn Gottes, erbarme dich meiner«, der Name Gottes oder die Worte »Abba – Vater«. Im Hinduismus gibt es vergleichbare Gebetsworte. Wenn Sie den Eindruck haben, dass das Jesusgebet Ihre Form des Gebets ist, dann nehmen Sie sich bitte vor, es regelmäßig über einen längeren Zeitraum hinweg zu üben. Wenn Sie es nur ab und zu üben, hat das wenig Sinn.

Das Jesusgebet hat den großen Vorzug, dass es leicht in eine intensive Beziehung zu Christus führt und praktisch immer und überall gebetet werden kann.

Zum Üben schlage ich die klassische Form vor: das Sprechen des Satzes: »Herr Jesus Christus, Sohn Gottes, erbarme dich meiner.«

Das Jesusgebet hat den großen Vorteil, dass man es auch außerhalb der Meditationszeit, sozusagen informell, beten kann. Man kann es beten, während man mit gewohnten Tätigkeiten beschäftigt ist, beim Zähneputzen, beim Abspülen, beim Bügeln, im Stau, auf dem Weg zur Arbeit, wenn man nicht einschlafen kann, aber auch vor besonders unangenehmen und schwierigen Situationen.

Die zweite Art, das Jesus-Gebet einzuüben, ist die formelle Übung. Dazu einige Anregungen.

Setzen Sie sich gut auf Ihrem Hocker oder Stuhl. Nehmen Sie sich etwa 15 Minuten Zeit für das Jesusgebet und die gleiche Zeit für die Lektüre eines Abschnitts aus dem Evangelium. Die meisten Lehrer des Jesusgebets empfehlen neben dem Gebet selbst die fortlaufende Lektüre der Evangelien, um darüber der konkreten Person Jesu zu begegnen und mit ihm vertraut zu werden.

Sprechen Sie nun den Satz: »Herr Jesus Christus, Sohn Gottes, erbarme dich meiner« immer wieder. Achten Sie nicht darauf, wie oft Sie das tun, tun Sie es einfach während der Zeit, die Sie festgesetzt haben. Sie können die Worte laut sprechen, aber auch innerlich, auf Ein- und Ausatem aufgeteilt, je nachdem, wie es für Sie stimmig ist. Spüren Sie den Worten nach. Machen Sie sich immer bewusst, dass Sie Jesus Christus anreden. Versuchen Sie, sich ganz auf ihn und auf nichts sonst auszurichten. Wenn Sie müde werden, öffnen Sie kurz die Augen oder stehen Sie auf und verneigen Sie sich, dann beten Sie wieder weiter.

Das Geheimnis des Jesusgebets ist die Macht des Namens. Der Name Jesu ist an sich wirkkräftig, durch die Wiederholung öffnen wir unser Herz für diesen Namen, wir möchten, dass ER unsere Seele und unser Denken prägt und gestaltet.

Die beiden Teile des Jesusgebets haben einen unterschiedlichen Akzent: Im ersten Teil: »Herr Jesus Christus, Sohn Gottes« beten wir Jesus an, wir schauen zu ihm auf, verehren ihn absichtslos. In der ostkirchlichen Gebetspraxis spielt dieser Gedanke eine wichtige Rolle. Die Anbetung Christi in seiner Herrlichkeit und Schönheit ist ein Akt, der die Betenden mit in diese Herrlichkeit aufnimmt. Im zweiten Teil: »...erbarme dich meiner« bekennen wir die eigene Leere und Hilfsbedürftigkeit. Wir brauchen Jesu Hilfe, sein Erbarmen, seine Nähe jeden Tag. Zugleich enthalten diese Worte die Gewissheit, dass Jesus kommt und sich erbarmt.

Je länger Sie das Jesusgebet üben, umso stärker werden sie erfahren, dass Sie es mit Ihrem ganzen Sein beten, mit dem Herzen, der Seele und dem Verstand. Es wird Sie immer mehr prägen; das Bild Christi, das in Ihnen wohnt, wird immer deutlicher erkennbar.

Als Ergänzung des Jesusgebets können Sie die Bartimäus-Geschichte (Markus 10, 46-52) lesen oder nach dem Schema der »ignatianischen Betrachtung« (vgl. die folgende Übung) meditieren. Aus dieser Geschichte stammt das Mantra des Jesusgebets.

Sie können statt dem Meditationssatz auch nur die Namen »Jesus Christus«, »Abba – Vater« oder den Ruf »Maranatha« (»Komm, o Herr!«) beten.

Dieser Christus also, der alle Erkenntnis und jegliches Begreifen übersteigt,
der Unsagbare, der Unaussprechliche,
wollte dich zum Bilde Gottes machen.
Und mit diesem Plan wurde er auf Grund seiner Liebe
zu den Menschen
zum Abbild des unsichtbaren Gottes,
so dass er mit der eigenen Gestalt, die er angenommen hatte,
in dir Gestalt werden konnte,
so dass also du wiederum durch ihn
auf das Bild der Urschönheit hin gestaltet werden kannst.
Und so sollst du werden, was du von Anbeginn an warst.

Gregor von Nyssa

Das betrachtende Gebet nach Ignatius von Loyola
Mit Hilfe dieser Übung können Sie eine biblische Geschichte innerlich nacherleben. Sie erleben die beteiligten Personen und sich selbst als Teil dieser Geschichte. So werden Sie mit Ihrem eigenen Leben von dieser Geschichte berührt. Nehmen Sie sich für diese Übung eine Stunde Zeit.

Christusikone, 16./17. Jahrhundert

Ignatius hat dieses Modell für Evangelientexte entwickelt. Es lässt aber auch leicht auf andere Texte (z.B. alttestamentliche Geschichten) übertragen.

1. Sammlungsphase

Suchen Sie sich zu Beginn eine Geschichte aus einem der Evangelien aus, die sie betrachten möchten. Für den Anfang empfiehlt sich eine kurze, einprägsame Szene – etwa Szenen aus der Weihnachts- oder Passionsgeschichte, ein Gleichnis Jesu oder konkret: Mk. 7,31-37; Mk. 10,13-16; Mk. 11, 1-11; Joh. 4, 1-14; Joh. 5, 1-9; Joh. 8,1-11.

Werden Sie körperlich und innerlich ruhig, sei es durch eine Körperübung, durch schweigendes Sitzen oder indem sie einige Minuten auf ihren Atem achten.

Machen Sie sich klar, dass Sie Zeit haben, dass Sie nichts leisten müssen, dass nichts Spektakuläres geschehen muss.

Sprechen Sie zu Beginn der Textbetrachtung ein kurzes Gebet, in dem Sie Gott um das bitten, was Sie sich erhoffen oder wünschen.

Dann lesen Sie die Schriftstelle mehrere Male langsam, eventuell auch laut und lassen Sie das Geschehen auf sich wirken.

2. Betrachtungsphase

Malen Sie sich mit Ihrer Vorstellungskraft die Szene aus: den Ort, die Personen, die Umgebung, die Gesichter, Räume und Requisiten.

Überlegen Sie nun: Wem der auftretenden Personen fühle ich mich nahe? Kann ich mich in eine Person besonders gut hineinversetzen? Kann ich mich mit Jesus identifizieren? Bin ich eine der handelnden Personen oder bin ich einfach dabei – als Zuschauer, als einer der Jünger, als jemand aus dem Volk?

Wenn Sie ihren Platz gefunden haben, dann versuchen

Sie mit ihren inneren Sinnen mitzuerleben, was geschieht. Was hören Sie? Was sehen, spüren, fühlen Sie? Lassen Sie dieses Geschehen auf sich wirken und verweilen Sie dort, wo Sie sich wohl fühlen.

Zur weiteren Vertiefung fragen Sie sich nun:

In welcher Situation sind die Menschen, die Jesus begegnen? Was erwarten Sie von Jesus oder von Gott? Was tut Jesus für die Menschen? Wie reagiert er? Wie geht er mit den Erwartungen um?

Bringen Sie diese Erwartungen und die Reaktion Jesu mit Ihrer Situation in Verbindung: Was erwarte ich von Jesus oder von Gott? Was tut er für mich?

Schließlich versuchen Sie mit Jesus bzw. Gott ins Gespräch zu kommen. Sagen Sie ihm, was Sie sich von ihm erwarten und wünschen. Vielleicht hat Ihre Haltung zu Jesus durch die Meditation ein neues Profil bekommen. Sagen Sie ihm, was Sie verstehen, wofür sie dankbar sind, aber auch das, was sie vermissen und brauchen. Schließen Sie mit einem Vaterunser oder einem anderen Gebet die Betrachtung ab.

3. Reflexionsphase:

Blicken Sie auf die vergangene Zeit zurück: Wie ist es Ihnen ergangen? Welche Empfindungen und Gefühle sind in Ihnen aufgetaucht? Was hat Sie besonders bewegt und berührt?

Sie können sich abschließend Notizen machen oder ein Bild malen, um dem, was jetzt in Ihnen ist, Ausdruck zu verleihen.

Nicht das Vielwissen sättigt die Seele,
sondern das Verspüren und Verkosten der Dinge
von innen her.   Ignatius von Loyola

Das kontemplative Gebet

Die »Krone« aller Meditation ist das kontemplative Gebet. Es kann nicht »gelernt« werden. Alle methodischen Übungen sind Vorübungen, mit denen wir uns zur Kontemplation bereiten und unsere Achtsamkeit für Gott schulen.

Das kontemplative Beten ist das Verlassen allen Bemühens, allen Übens, aller Reflexion. Es stellt sich einfach ein. Wenn es da ist, dann weiß man: Das ist es – eine tiefe Ruhe, eine innere Klarheit, das Gefühl »Gott ist mir jetzt ganz nahe«. Es ist der Eintritt in den Bereich unmittelbaren Schauens, einer unmittelbaren Aufmerksamkeit für Gott. Alles andere tritt in den Hintergrund. Es geht nicht mehr um das, was wir in der Meditation erreichen können, es geht nicht mehr um die Fortschritte, die wir machen, nicht mehr um das, was wir uns von Gott wünschen, nicht mehr um das, was er uns gibt. Es geht nicht mehr um die Gaben Gottes, um die Bilder, die wir von ihm haben, sondern um den Geber, um Gott selbst.

»Wie kann man sich im kontemplativen Bereich verhalten? An erster Stelle kann man *schauen*. Dies ist eine rein geistige Aktivität, mit der man nichts erreichen will. Schauen schließt immer ein Loslassen, ein Ausgerichtetsein auf etwas mit ein. Zweitens kann man *vertrauen*. Drittens kann man *lieben*. Es ist aber nicht Liebe, wie wir sie gewöhnlich verstehen. Es ist die reine Liebe, die nichts mehr vom anderen erwartet. Sie ist wie die Sonne, die unaufhörlich strahlt und nicht einmal dann zu strahlen aufhört, wenn ihre Strahlen nicht aufgenommen oder erwidert werden. Diese Liebe kommt vom Schauen und ist nicht machbar. Bleibt man im Schauen, wächst sie in uns auf natürliche Weise. Viertens kann man *leiden*. Im Schau-en und in der Liebe erlittene Sünde ist erlöst und kommt nie wieder.«[1]

1   Franz Jalics: Kontemplative Exerzitien. Eine Einführung in die kontemplative Lebenshaltung und das Jesusgebet, Würzburg 1994, S. 183.

WIRK NICHT VORAUS,
sende nicht aus
steh
herein:

durchgründet vom Nichts
ledig allen
Gebets,
feinfügig, nach
der Vor-schrift,
unüberholbar,

nehm ich dich auf,
statt aller
Ruhe.   Paul Celan

Übungen mit einem besonderen Thema
oder Gegenstand

Tagesrückblick
Diese Übung kann Ihnen helfen den Tag abzuschließen,
Schönes und Schweres noch einmal zu betrachten und
Frieden zu finden.

Suchen Sie sich am Abend eines Tages einen Ort, wo
sie ungestört sind und sich wohl fühlen. Reservieren Sie
sich etwa 30 Minuten. Versuchen Sie durch Atem- oder
Körperübungen oder durch stilles Sitzen ruhig zu werden.
Versuchen Sie, bereit zu werden für die Gegenwart
Gottes über allem, was an diesem Tag geschehen ist.
Dann blicken Sie zurück. Gehen Sie den ganzen Tag
noch einmal durch. Vom Aufwachen an, Stunde für
Stunde, Termin für Termin, Erlebnis für Erlebnis. Die
folgenden Fragen können dabei helfen:

Was kommt Ihnen aus diesem Tag an Gedanken, Gefühlen und Regungen in den Sinn?

Welche Sehnsüchte, Sorgen, Ängste und Wünsche haben Sie umgetrieben? Was hat Sie gefreut oder geärgert? Wo waren Sie offen und vertrauensvoll, wo ängstlich oder misstrauisch?

Welche Gespräche und Begegnungen kommen Ihnen in den Sinn? Wie ging es Ihnen beim Reden und Zuhören?

Was haben Sie getan, was unterlassen?

Was macht Sie dankbar und froh?

Dann nehmen Sie exemplarisch ein schönes, positives Erlebnis dieses Tages heraus und lassen es noch einmal auf sich wirken. Genießen Sie es noch einmal und danken Sie dafür.

Nehmen Sie nun auch exemplarisch ein negatives Erlebnis, eine merkwürdige Erfahrung oder eine Situation, mit der Sie unzufrieden sind. Betrachten Sie diese noch einmal. Hat es an Ihnen gelegen oder an anderen? Wo können Sie etwas ändern oder verbessern? Wo brauchen andere Ihre Unterstützung und Fürbitte? Wo brauchen Sie selbst Unterstützung und Kraft?

Sprechen Sie nun das, was Sie beschäftigt, vor Gott aus. Bitten Sie ihn um Vergebung und Versöhnung. Wenn Ihre Betrachtung Sie zu einem Vorsatz oder einem Neuanfang führt, dann machen Sie den vor Gott fest. Schließen Sie mit dem Vaterunser oder einem Abendgebet.

Sinkt jeder Tag
hinab in jeder Nacht,
so gibt es einen Brunnen,
der drunten die Helligkeit hält.

Man muss an den Rand
des Brunnendunkels hocken,
entsunknes Licht zu angeln
mit Geduld.   Pablo Neruda

Auf Gott hören – auf sich selbst horchen

Meditation heißt, näher zu sich und zu Gott zu kommen. Dazu gehört der Dialog zwischen mir und Gott. Die folgende Übung leitet dazu an, mit einem bestimmten Thema vor Gott ins Reine zu kommen. Das kann ein bestimmtes Problem sein, ein konkretes Erlebnis, eine Frage oder ein Charakterzug oder Persönlichkeitsanteil. Für die Übung benötigen Sie etwa 40 Minuten bzw. zweimal 20 Minuten.

Nehmen Sie Ihren Meditationssitz ein.

Dann beobachten Sie sich beim Meditieren. Was geht Ihnen durch den Kopf, was lenkt Sie ab, wohin schweift Ihr Bewusstsein ab? Dann nehmen Sie sich eine dieser »Störungen« heraus und versuchen Sie, ihr mit Hilfe der folgenden Fragen nachzugehen.

Warum lenkt mich gerade das jetzt ab? Um was geht es genau? Welche Gefühle und Stimmungen sind damit verbunden?

Versuchen Sie sorgfältig auf Ihre Gefühle zu achten, machen Sie sich genau klar, was Ihre Gefühle sind! Ist es Angst, Schmerz, Trauer oder eher Wut, ist es Freude oder Sehnsucht?

Nehmen Sie sich dazu einige Minuten Zeit, bis sie Klarheit haben. Fragen Sie sich nun: Wie genau geht es mir *jetzt* im Hinblick auf die Sache, der ich gerade nachgegangen bin. (Nicht: Wie ging es mir vor zwei Stunden oder gestern oder heute im Laufe des Tages, sondern: Wie geht es mir damit *hier* und *jetzt*, in diesem Augenblick.) Dann versuchen Sie diese Gefühle in einem stillen oder gesprochenen Gebet Gott mitzuteilen. Sprechen Sie alles aus, was sie fühlen, teilen Sie es Gott wirklich mit, so als würde Sie es einem guten Freund erzählen, der Ihnen bereitwillig zuhört.

Sie können an dieser Stelle die Übung beenden und den zweiten Teil ein anderes Mal anschließen. Sie können aber auch den zweiten Teil unmittelbar anschließen.

Die vielen Stimmen, die in Ihnen sprechen, sollen jetzt schweigen, damit Gott reden kann. Nicht Sie selbst sprechen, auch nicht das innere Konzert oder Chaos der vielen Stimmen soll Ihre Aufmerksamkeit beanspruchen. Gott spricht zu Ihnen. Das möchten Sie jetzt hören.

Hilfreich kann es sein, sich auf die Ohren zu konzentrieren, sich den Vorgang des Hörens bewusst vorzustellen. Es gibt in Ihnen auch ein »inneres Ohr«, das nicht die äußeren Geräusche hört. Konzentieren Sie sich auf dieses innere Ohr. Dann nehmen Sie sich das Thema, das Sie im ersten Teil betrachtet haben, noch einmal vor. Diesmal aber zergliedern Sie es nicht, sondern lassen es ganz. Versuchen Sie jetzt zu hören, was Gott dazu sagt, was Gott zu Ihnen sagt.

Es gibt die vielfältigsten Formen, wie er sich zu erkennen gibt. Lassen Sie sich überraschen! Es gibt das einfache, schlichte Bewusstsein der Gegenwart Gottes; er sagt einfach: Ich bin bei dir. Ganz leise und sanft. Es gibt auch das – allerdings seltene – Überwältigt-Werden von einer großen Gottesnähe, durch die Gottes Trost und seine Liebe wie von selbst in uns einströmen. Es gibt die Stimme Gottes, die durch Alltagserlebnisse und durch andere Menschen an uns ergeht, den Anruf, der im Leben selbst steckt; das kann in einer solchen Meditation bewusst werden. Schließlich spricht Gott durch die Worte der Bibel zu uns.

Wenn Sie diese Übung häufiger machen, werden Sie feststellen, dass Sie in ein tieferes persönliches Gespräch mit Gott kommen. Gott will, dass es uns gut geht, er will uns unsere Lasten abnehmen; aber dazu ist es auch nötig, dass wir uns ihm mitteilen und uns über uns selbst Rechen-schaft ablegen.

Die Verheißung unseres Gebets ist, dass es uns gelingen wird, das, was uns belastet, stört und ablenkt, »loszulassen«. Loslassen ist ein Modewort. Ich persönlich nehme es zur Zeit ungern in den Mund, weil es so klingt, als sei loslassen machbar. Dadurch wird leicht ein neuer Zwang aufgebaut. Ich erlebe immer mehr, dass es ein Geschenk ist, wenn ich etwas wirklich loslassen kann. Und oft genug muss ich et-was lange genug festgehalten haben, bevor ich es loslassen kann. Ich muss lange »gebrütet« haben. Loslas-sen geht nicht ohne Bewusstwerdung der eigenen Gefühle und Verletzungen, und das braucht seine Zeit. Eine Übung wie diese kann helfen, sich über seine Gefühle klarer zu wer-den. Und das kann ein Schritt zum Loslassen sein.

Hinter jedem »O HERR!«, das du sprichst,
steht ein tausendfaches »HIER BIN ICH«
Rumi

Womit ich nicht zurecht komme
Bei jedem und jeder von uns gibt es immer wiederkehren-de schwierige Situationen. Wir laufen immer gegen die gleichen Mauern, stoßen auf die gleichen Widerstände, er-leben immer wieder die gleiche Grenze. Diese Übung soll helfen, besser mit solchen Situationen zurechtzukommen, sie besser einzuordnen und Lösungsmöglichkeiten zu ent-decken.
Eine gute Vorübung ist die folgende Körperübung:

Stehen Sie aufrecht an einer Stelle im Raum, an der Sie sich wohl fühlen. Blicken Sie sich um. Nehmen Sie Ihre Umgebung bewusst wahr. Nehmen Sie ganz bewusst wahr, dass Sie auf dem Boden stehen. Spüren Sie eine Weile, wie Ihre Fußsohlen von Boden getragen sind. Dann blicken Sie nach oben und nehmen Sie die Decke des Raumes wahr. Blicken Sie dann wieder geradeaus und spüren Sie dabei eine Weile den Scheitelpunkt ihres Kopfes.

Der Raum, der Sie umgibt, begrenzt Sie von oben und unten. Die Füße unten, der Kopf oben, die Decke und der Fußboden sind die Grenzen Ihrer Ausdehnung.

(Sie können diese Übung auch als Partnerübung machen, wobei der Partner oder die Partnerin dann die Hände zuerst auf Ihren Kopf und dann an Ihre Füße legen soll, um die räumliche Grenze für Sie spürbar zu machen.)

Strecken Sie nun die Hände nach vorne. Die Handflächen zeigen nach außen. Beschreiben Sie, indem Sie die Hände seitwärts bewegen bzw. den Rumpf drehen, Ihren begrenzten Raum.

Lassen Sie diesen Raum eine Weile auf sich wirken.

Dann nehmen Sie Ihre Meditationshaltung ein.

Stellen Sie sich nun eine Situation aus Ihrem Leben vor, in der Ihnen immer wieder heftiger Widerstand entgegentritt. Erinnern Sie sich an diese Situation. Worum ging es? Welche Personen waren beteiligt? Was war Ihre Rolle? Was haben Sie gesagt? Was haben die anderen Personen gesagt? Wie haben Sie sich dabei gefühlt? Wo und wann genau haben Sie Widerstand gespürt und welche Gefühle haben Sie dabei genau empfunden? War es Enttäuschung, Traurigkeit oder eher Ärger und Wut? Wie geht es Ihnen jetzt damit? Gilt der Widerstand Ihrer Person, der Sache, die Sie vertreten oder hat er andere Gründe? War das, was Sie in dieser Situation erreichen wollten, angemessen oder vermessen? Machen

Sie sich genau Ihre Anliegen, Ihre Wünsche und Erwartungen klar. Sind sie angemessen oder unreif? Versuchen Sie, ganz genau bei Ihren Gefühlen zu bleiben.

Dann gehen Sie wieder weg von dieser Situation. Blicken Sie auf sich selbst. Machen Sie sich Ihre Gaben und Begabungen klar. Was kann ich gut, was macht mir Freude, was erfüllt mich? Worin bin ich wirklich gut und begabt? Machen Sie sich innerlich eine Liste, mit allem, was Ihnen in den Sinn kommt.

Dann blicken Sie noch einmal auf die Situation, die Sie zu Beginn betrachtet haben. Versuchen Sie, dieser Situation nun einen Stellenwert zu geben. Wird in Ihr etwas Grundlegendes deutlich, was Sie über sich lernen können, eine reale Begrenzung Ihrer Person, die anzunehmen heilsam ist? Oder ist sie eine vorläufige, relative Begrenzung oder Verstrickung, mit der Sie für den Moment oder über einen bestimmten Zeitraum leben müssen? Vielleicht haben Sie aber auch den Eindruck, dass Sie es hier nicht mit einer Begrenzung zu tun haben, die Sie akzeptieren sollten. Vielleicht ist es dann gut, gegen diesen Widerstand zu kämpfen. Wenn das so ist, dann machen Sie sich klar: Welche meiner Fähigkeiten und Begabungen hilft mir dabei, gegen diesen Widerstand anzugehen? Welches sind meine Stärken, die ich einsetzen kann?

Abschließend überlegen Sie: Wie geht mir jetzt? Hat sich etwas verändert?

Bringen Sie das, was jetzt in Ihnen vorgeht, Ihren Dank, Ihre Bitten Ihre Klage und Ihre Gefühle im Gebet vor Gott.

Der Mensch
Empfangen und genähret
Vom Weibe wunderbar,
Kömmt er und sieht und höret

Und nimmt des Trugs nicht wahr;
Gelüstet und begehret
Und bringt sein Tränlein dar;
Verachtet und verehret,
Hat Freude und Gefahr;
Glaubt, zweifelt, wähnt und lehret,
hält nichts und alles wahr;
Erbauet und zerstöret
Und quält sich immerdar;
Schläft, wachet, wächst und zehret;
Trägt braun und graues Haar.
Und alles dieses währet,
Wenns hoch kommt, achtzig Jahr.
Dann legt er sich zu seinen Vätern nieder,
und er kömmt nimmer wieder.

Matthias Claudius

Bei wichtigen Entscheidungen (nach Ignatius von Loyola)
In dieser Übung geht es um eine Hilfestellung, wenn man eine grundlegende Lebensentscheidung mit weitreichenden Konsequenzen treffen muss, zum Beispiel Berufswahl, Berufswechsel, Stellenwechsel, Eingehen einer Partnerschaft oder Trennung.

> Machen Sie sich zunächst ganz genau klar, worum es eigentlich geht. Was genau müssen Sie entscheiden; wo genau liegt das Problem? In vielen Fällen liegt das ganz klar auf der Hand; manchmal jedoch scheint das nur so, der eigentliche Punkt der Entscheidung ist aber noch gar nicht gefunden. Nehmen Sie sich Zeit dafür, wirklich herauszufinden, was es zu entscheiden gilt.

Ignatius spricht von der »Wahl«. Schon diese Wortwahl kann vielleicht zu einer anderen Perspektive führen. Nicht: »Ich muss mich entscheiden«; sondern: »Ich darf wählen«. Ignatius empfiehlt zunächst vor jeder Wahl, sich bewusst zu machen, dass ich mit meinem Leben dazu berufen bin, Gott zu loben und meine Seele zu retten. Das ist das große Ziel meines Lebens. Jede Lebensentscheidung ist diesem Ziel gegenüber nachrangig und sollte sich an ihm messen lassen.

Die folgenden Übungselemente können helfen eine Entscheidung zu treffen.

Nehmen Sie sich in der Meditation die verschiedenen Möglichkeiten vor. Bitten Sie Gott um Klarheit. Betrachten Sie jede Wahlmöglichkeit als gäbe es nur diese. Betrachten Sie sie jeweils eingehend. Welche Bilder kommen Ihnen? Was stellen Sie sich vor? Was erwarten Sie sich? Worauf freuen Sie sich, wovor haben Sie Angst? Was zieht sie an? Was entspricht Ihren Neigungen und Begabungen?

Dann betrachten Sie noch einmal Ihre jeweiligen Bilder und Gefühle auf ihre Echtheit hin. Was verheißt wirklich Freiheit und Erfüllung? Können Sie eventuellen Leiden und Entbehrungen einen Sinn abgewinnen? Haben die Chancen und Möglichkeiten, die Sie jeweils sehen, realen Gehalt oder sind es eher Illusionen oder Wunschträume? Tun Sie das Gleiche mit den Ängsten, die Sie haben, und den Gefahren, die sie sehen.

Stellen Sie sich weiter vor, nicht Sie seien es, der sich entscheiden muss, sondern ein Mensch, den Sie nicht kennen und noch nie gesehen haben, dem Sie aber alles erdenklich Gute wünschen. Beraten Sie diesen Menschen. Führen Sie in Ihrer Phantasie ein Gespräch mit ihm. Wie würden Sie Ihn beraten, welche Fragen würden Sie ihm stellen, worauf würden Sie ihn hinweisen, welche Regeln und Kriterien würden Sie angeben?

Dann überlegen Sie: Können Sie davon etwas auf sich anwenden? Hilft Ihnen das bei der Selbstberatung und Entscheidungsfindung?

Bei der folgenden Phantasie sollten Sie vorsichtig sein. Wenn Sie merken, dass sie zu belastend wird, dann brechen Sie lieber ab. Sie haben dann nichts davon.

Stellen Sie sich vor, Sie blicken in Ihrer Todesstunde auf Ihr Leben zurück. Was möchten Sie dann von Ihrem Leben sagen können? Was wünschten Sie getan und gelassen, erreicht und vollbracht zu haben? Welchen Stellenwert hat dabei die anliegende Entscheidung? Womit könnten Sie rückblickend vor Ihrem Gewissen und vor Gott bestehen und womit nicht?

Sie können diese Übung auch so gestalten, dass Sie Ihren eigenen Nachruf schreiben. Dabei kommen oft erstaunlich wahre Dinge über einen selbst zum Vorschein.

Bei jeder guten Wahl muss, soweit sie von uns abhängt, das Auge unserer Ausrichtung einfach sein, indem es einzig allein das anschaut, wozu ich geschaffen bin, nämlich hin zum Lobpreis Gottes Unseres Herrn und zum Heil meiner Seele. Was immer ich also erwähle, muss so beschaffen sein, dass es mir zum Ziel hin helfe, zu dem ich geschaffen bin.

Ignatius von Loyola

Das Labyrinth

Das nebenstehende Bild zeigt das Labyrinth in der Kathedrale von Chartres. Es hat im Original einen Durchmesser von etwa 12 Metern und befindet sich auf dem Boden des Mittelschiffs. Im Mittelalter wurde es regelmäßig begangen oder auch betanzt.

Das Besondere an dieser Art von Labyrinth ist, dass es kein Irrgarten ist. Man kann sich in ihm nicht verlaufen, sondern der Weg führt zur Mitte – doch so, dass man nicht auf geradem Weg zur Mitte kommt, sondern immer wieder ganz nah an der Mitte, und dann wieder weit weg von ihr ist.

Labyrinth in der Kathedrale von Chartres

Als Meditationsbild hilft das Labyrinth den eigenen Lebensweg als ganzes zu betrachten und zu deuten.

Machen Sie sich dazu ein paar Kopien des Labyrinths, auch Vergrößerungen.

Um sich zu sammeln, fahren Sie einfach den Weg zur Mitte mit einem Stift oder mit dem Finger nach. Sie erleben die überraschenden Wendungen und Schlingen, die der Weg macht. Dies ist eine Vorübung zur Meditation, die Sie mit jeder anderen Übung verbinden können.

Das Labyrinth ist ein Symbol für den Lebensweg:

Ich bin unterwegs zur Mitte meines Lebens. Das Leben verläuft meist nicht geradlinig, sondern verschlungen. Manchmal bin ich ganz nah an der Mitte, dann wieder weit weg von ihr. Manchmal sehe ich den weiteren Weg gar nicht mehr; dann drehe ich mich mit einem Mal um und entdecke, dass ich gerade hier der Mitte ganz nah bin. Doch dann führt der Weg wieder weg von der Mitte. Zur Mitte komme ich erst, wenn ich den ganzen Weg durchschritten habe, alle Dimensionen des Daseins erlebt und durchgemacht habe. Doch der Weg führt auf jeden Fall zur Mitte, das ist die tröstliche Verheißung. Ich kann bestimmte Stationen, Wendepunkte und Sackgassen in meinem Leben mit der Symbolik des Labyrinths in Verbindung bringen.

Die Mitte ist leer. Es ist überliefert, dass in der Mitte des Labyrinths von Chartres einst der Minotaurus abgebildet gewesen sein soll, jenes Ungeheuer, das schließlich von Theseus besiegt wurde.

Wenn die Mitte leer ist, dann kann das zweierlei bedeuten. Es kann heißen, dass die »Mitte« unseres Lebens nicht abbildbar ist, dass sie für uns in diesem Leben nur als Leere, nur als Abwesenheit erfahren werden kann. Gott als Mitte unseres Daseins lässt sich nicht abbilden.

Es kann aber auch heißen, dass jeder und jede von uns

die Möglichkeit hat, die eigene Mitte zu entdecken, zu gestalten oder auch zu phantasieren.

Versuchen Sie einem dieser Gedanken eine Weile in der Meditation nachzugehen. Was ist die Mitte, das Ziel Ihres Daseins? Kommt Ihnen ein Bild, kommen Ihnen Lebenserfahrungen, Worte, Bilder, die das ausdrücken? Wohin wurden Sie in ihrem Leben geführt, wohin sind Sie unterwegs? Was ist die Summe dieser Lebenserfahrungen?

Sie können nun auch Ihre Mitte malen. Malen Sie in die Mitte des Labyrinths Ihre Mitte: eine Gestalt, ein Symbol, eine farbige Fläche...

Gott sagt nicht: »Das ist ein Weg zu mir, das aber nicht«, sondern er sagt: »Alles, was du tust, kann ein Weg zu mir sein, wenn du es nur so tust, dass es dich zu mir führt.«

Martin Buber

Meditation und Achtsamkeit im Alltag – Zehn Tipps

1 Ein guter Sitz:

Setzen Sie sich in der U-Bahn, in der Straßenbahn, im Bus oder auch vor einer Autofahrt aufrecht hin. Spüren Sie mit den Füßen den Boden, mit den Sitzknochen die Sitzfläche, mit dem Rücken die Lehne. Bleiben Sie so lange es geht bei dieser Wahrnehmung.

2 Bewusst atmen:

Auch das ist eine Übung, die Sie kurz »zwischendurch« oder bei stereotypen Tätigkeiten machen können. Atmen Sie ein paarmal tief durch. Dann atmen Sie ruhig und normal und spüren Sie dabei Ihrem Atem nach, wie er ein- und ausströmt.

3 Aus der Körpermitte leben:

Suchen Sie immer wieder ihre Körpermitte (*Hara*) auf: Entweder, indem Sie die Hände auf Ihren Bauchraum legen oder indem Sie einfach in diesen Bereich »hin-spüren«. Gerade vor spannungsvollen Situationen tut das gut.

4 Das Jesusgebet können Sie fast immer und überall praktizieren.

5 Alle Sinne aktivieren:

Schauen Sie an, was es um Sie herum zu sehen gibt. Es gibt fast überall etwas zu entdecken. Schauen Sie den Menschen ins Gesicht!

Hören Sie, was es um Sie herum zu hören gibt. Lärm, Stimmen, zwischen dem Lärm vielleicht den Gesang eines Vogels oder Musik.

Beim Essen: Versuchen Sie mit allen Sinnen da zu sein. Riechen Sie und schmecken Sie bewusst! Essen Sie ohne Zeitung und ohne Radio.

6 *Reduzieren der häuslichen Berieselung:*

Lassen Sie den Fernseher nur dann laufen, wenn Sie wirklich etwas sehen wollen. Sicher finden Sie bessere Möglichkeiten abzuschalten (Lesen, Spazierengehen, Malen o.ä.).

Wenn Sie Musik hören, tun Sie das bewusst. Die Musik, die »nur so« im Hintergrund läuft, stört meist nur.

7 *Alltagsabläufe bewusst strukturieren:*

Planen Sie kleine Pausen ein, fünf bis zehn Minuten, in denen Sie abschalten und zu sich kommen können. Versuchen Sie bei dem zu sein, was Sie gerade tun. »Wenn ich gehe, gehe ich. Wenn ich arbeite, arbeite ich. Wenn ich sitze, sitze ich...«

8 *Fasten:*

Jeder hat Gewohnheiten und kleine Süchte, die er gerne loswäre. Zu viele Zigaretten, die ohne Sinn und Verstand hineingeschlungene Tafel Schokolade, schlechte Essgewohnheiten... Was ist Ihre »Sucht«? Nehmen Sie sich vor, darauf zu verzichten. Weniger essen, nur noch »bewusste« Zigaretten rauchen oder (noch besser) das Rauchen ganz aufgeben.

9 *Ein Platz für mich:*

Richten Sie sich einen Ort in Ihrer Wohnung als Ihren »Platz der Stille« ein, an dem Sie sich wohlfühlen und leicht in die Stille eintauchen können. Dabei können Ihnen Kerzen, Tücher, Blumen und Bilder helfen.

10 *Begegnungen »vormeditieren«:*

Bevor Sie jemandem begegnen, stellen Sie sich bewusst auf diese Begegnung ein. Lassen Sie diesen Menschen vor Ihr inneres Auge treten.

Welche Welche Erwartungen haben Sie? Wie wird der allererste Kontakt sein? Versuchen Sie so, ein inneres Bild von dieser Begegnung zu gewinnen.

Texte
zur Meditation

Aus der Bibel

Der Prophet Elia am Berg Horeb

Der Prophet Elia ist auf der Flucht vor der Königin Isebel. Er fühlt sich leer und verzweifelt. Er ist aufgerieben vom Kampf für den Gott Israels – gegen die kanaanäischen Fruchtbarkeitskulte, mit denen viele seiner Landsleute und auch das Königshaus sympathisieren. Unterwegs stärkt ihn ein Engel.

Nach einer langen Wanderung kommt er auf den Gottesberg Horeb. Dort macht hat er eine Gotteserfahrung, die sich von seinen bisherigen Gottesbegegnungen deutlich unterscheidet.

Dort ging Elia in eine Höhle, um darin zu übernachten. Doch das Wort des Herrn erging an ihn: »Was willst du hier, Elia?« Er sagte: »Mit leidenschaftlichem Eifer bin ich für den Herrn, den Herrn der Heere, eingetreten, weil die Israeliten deinen Bund verlassen, deine Altäre zerstört und deine Propheten mit dem Schwert getötet haben. Ich allein bin übrig geblieben und nun trachten sie auch mir nach dem Leben.« Der Herr antwortete: »Komm heraus und stell dich auf den Berg vor den Herrn!« Da zog der Herr vorüber: Ein starker, heftiger Sturm, der die Berge zerriss und die Felsen zerbrach, ging dem Herrn voraus. Doch der Herr war nicht im Sturm. Nach dem Sturm kam ein Erdbeben. Doch der Herr war nicht im Erdbeben. Nach dem Erdbeben kam ein Feuer. Doch der Herr war nicht im Feuer. Nach dem Feuer kam ein sanftes, leises Säuseln. Als Elia es hörte, hüllte er sein Gesicht in den Mantel, trat heraus und stellte sich an den Eingang der Höhle. Da vernahm er eine Stimme, die ihm zurief: »Was willst du hier, Elia?« (1. Kön. 19, 9–13).

Aus den Psalmen

Die alttestamentlichen Psalmen sind Lieder, die für den Gottes-dienst oder das Gebet einzelner im Jerusalemer Tempel verfasst wurden. Im Tempel, auf dem Zionsberg, war Gott in besonderer Weise präsent. Seine Gegenwart gab Ruhe und Sicherheit und umgekehrt war Stillesein die angemessene Haltung sich ihm zu nähern.

Bei Gott allein kommt meine Seele zur Ruhe,
von ihm kommt mir Hilfe.
Nur er ist mein Fels, meine Hilfe, meine Burg;
darum werde ich nicht wanken.
(Ps.62,2-3)

Gott, man lobt dich in der Stille zu Zion, dir erfüllt man Gelübde. Du erhörst Gebet; darum kommt alles Fleisch zu dir. (Ps.65,2-3)

Herr, mein Herz ist nicht stolz,
nicht hochmütig blicken meine Augen.
Ich gehe nicht um mit Dingen,
die mir zu wunderbar und zu hoch sind.
Ich ließ meine Seele ruhig werden und still;
wie ein kleines Kind bei der Mutter
ist meine Seele still in mir.
Israel, harre auf den Herrn
von nun an bis in Ewigkeit!
(Ps.131)

Ganz im Sinn der Psalmen heißt es beim Propheten Habakuk:

Aber der Herr ist in seinem heiligen Tempel. Es sei vor
ihm stille alle Welt! (Hab. 2,20)

Aus dem Buch Jesaja

Die alttestamentlichen Propheten machen den Herrschenden ihrer Zeit meist einen Strich durch die Rechnung. Ihre Botschaft ist immer politisch; politisches Handeln in Israel soll im Vertrauen auf Gott und in Orientierung an seinen Geboten geschehen.

So ist es nicht überraschend, dass Jesaja seinem König Hiskia zum Stillesein rät. Er meint damit jedoch kein passives Abwarten, sondern den Verzicht auf Machtpolitik, auf alle Bestrebungen, im damaligen »Spiel der Großmächte« (Ägypten gegen Syrien) eine besondere Rolle spielen zu wollen.

So spricht Gott, der Herr, der Heilige Israels:
Wenn ihr umkehrtet und stille bliebet,
würde euch geholfen.
Durch Stillesein und Hoffen würdet ihr stark sein.
Aber ihr wollt nicht und sprecht:
»Nein, sondern auf Rossen wollen wir dahinfliegen« –
darum werdet ihr dahinfliehen,
»und auf Rennern werden wir reiten« –
darum werden euch eure Verfolger überrennen.
(Jes. 30, 15-16)

Ganz ähnlich sollte schon viel früher die Haltung des Volkes Israel beim Auszug aus Ägypten sein, selbst dann, als alles noch einmal auf dem Spiel zu stehen schien:

Mose aber sagte zum Volk: Fürchtet euch nicht! Bleibt stehen und schaut zu, wie der Herr euch heute rettet. Wie ihr die Ägypter heute seht, werdet ihr sie niemals wiedersehen. Der Herr wird für euch streiten und ihr werdet stille sein.
(2. Mose 14,13-14)

Jesus

Wenn ihr betet, sollt ihr nicht sein wie die Heuchler, die gern in den Synagogen und an den Straßenecken stehen und beten, damit sie von den Leuten gesehen werden…
Wenn du aber betest, so geh in dein Kämmerlein und schließ die Tür zu und bete zu deinem Vater, der im Verborgenen ist; und dein Vater, der in das Verborgene sieht, wird dir's vergelten.
Und wenn ihr betet, sollt ihr nicht viel plappern wie die Heiden; denn sie meinen, sie werden erhört, wenn sie viele Worte machen.
Darum sollt ihr ihnen nicht gleichen.
Denn euer Vater weiß, was ihr braucht, bevor ihr ihn bittet. (Mt. 6,5-8)

Kommt her zu mir alle, die ihr mühselig und beladen seid; ich will euch erquicken. Nehmt auf euch mein Joch und lernt von mir; denn ich bin sanftmütig und von Herzen demütig. So werdet ihr Ruhe finden für eure Seelen. Denn mein Joch ist sanft und meine Last ist leicht. (Mt.11,28-30)

In den Evangelien wird mehrere Male berichtet wie Jesus sich zurückzieht, um allein zu sein und zu beten:

Als Jesus das hörte, fuhr er von dort weg in eine einsame Gegend allein. (Mt.14,13)

Und als er das Volk hatte gehen lassen, stieg er allein auf einen Berg, um zu beten. Und am Abend war er dort allein. (Mt.14,23)

Aber auch seinen Jüngern verordnet Jesus Alleinsein und Stille:

Und er sagte zu ihnen: Geht ihr allein an eine einsame Stelle und ruht ein wenig. (Mk.6,31)

Aus der Geschichte des Christentums

Meister Eckhart

Meister Eckhart (1260-1328) war Dominikanermönch und Theologieprofessor. Er war einer der führenden Vertreter der »deutschen Mystik«. Seine mystisches Gedankengut war so radikal, dass einige seiner Lehren verurteilt wurden. Ein Hauptgedanke durchzieht sein Werk: Der Mensch muss die »Abgeschiedenheit« suchen, um Gott zu finden. Abgeschiedenheit ist kein Rückzug aus der Welt, sondern eine Haltung des Leerwerdens, ein Sich-Enthalten, ein Loslassen aller Bilder von sich selbst und zuletzt auch von Gott. Erst dann kann Gott wirklich in der menschlichen Seele geboren werden.

Dass ein Mensch ein ruhiges und nachdenkliches Leben in Gott hat, das ist gut; dass der Mensch ein mühevolles Leben mit Gott erträgt, das ist besser; aber dass man Ruhe habe im mühevollen Leben, das ist das allerbeste. Ein Mensch gehe übers Feld und spreche sein Gebet und erkenne Gott oder er sei in der Kirche und erkenne Gott: erkennt er darum Gott mehr, weil er an einer ruhigen Stätte weilt, so kommt das von seiner Unzulänglichkeit her, nicht aber von Gottes wegen; denn Gott ist gleicherweise in allen Dingen und an allen Stätten…

Von der Abgeschiedenheit

Gott wirkt danach, wie er Bereitschaft findet. Sein Wirken ist anders am Menschen als im Stein. Dafür finden wir ein Gleichnis in der Natur: Wenn man einen Backofen heizt und einen Teig aus Hafer und einen aus Gerste und einen aus Roggen und einen aus Weizen hineinlegt, so ist da zwar nur eine Hitze in dem Ofen, und doch wirkt sie nicht gleich in den Teigen; denn der eine wird zu schönem Brot, der andere wird gröber, der dritte noch gröber. Und das ist nicht der Hitze Schuld, es ist die Schuld der Materie, die da ungleich ist. Ebenso wirkt Gott nicht gleich in allen Herzen; er wirkt danach, wie er Bereitschaft und Empfänglichkeit findet. In welchem Herzen nun dies oder das ist, da kann in dem »dies oder das« etwas sein, wodurch Gott nicht das Höchste zu wirken vermag. Soll aber das Herz Bereitschaft haben zum Allerhöchsten, so muss es auf dem reinen Nichts stehen und darin liegt auch die größte Möglichkeit, die sein kann. Da nun das abgeschiedene Herz auf dem Höchsten steht, so muss es auf dem Nichts stehen, denn in ihm liegt die größte Empfänglichkeit. Dafür nimm ein Gleichnis aus der Natur: Will ich auf eine Wachstafel schreiben, dann kann nichts noch so edel sein, was auf der Tafel geschrieben steht, dass es mich nicht behindert, so dass ich nicht darauf schreiben kann; will ich aber doch schreiben, so muss ich alles tilgen und auslöschen, was auf der Tafel steht. Und die Tafel schickt sich mir nimmer so wohl zum Schreiben, wie wenn gar nichts auf der Tafel steht. Ganz ebenso muss, wollte Gott auf das allerhöchste in mein Herz schreiben, alles aus dem Herzen herauskommen, was dies und das heißen kann, und so steht es mit dem abgeschiedenen Herzen. Deshalb kann Gott darin auf das allerhöchste und nach seinem höchsten Willen wirken. Drum ist des abgeschiedenen Herzens Gegenstand weder dies noch das.

Nun frage ich wiederum: Was ist des abgeschiedenen Herzens Gebet? Darauf antworte ich wie folgt und sage: Abgeschiedene Lauterkeit kann nicht beten, denn wer betet, der begehrt etwas von Gott, das ihm zuteil werden solle, oder aber begehrt, dass ihm Gott etwas abnehme. Nun begehrt das abgeschiedene Herz gar nichts, es hat auch gar nichts, von dem es gern frei wäre. Deshalb steht es ledig allen Gebets und sein Gebet ist nichts anderes als einförmig zu sein mit Gott. Das macht sein ganzes Gebet aus.

Ein anonymer Mystiker

Dieser anonyme Text steht in der Tradition Meister Eckharts. Er führt die Vorstellung weiter, dass man Gott ganz loslassen muss, um ihn wirklich zu finden.

Lerne Gott lassen um Gott, den verborgenen Gott um den bloßen Gott! Sei gewillt einen Pfennig zu verlieren, auf dass Du einen Gulden findest; verschütte das Wasser, auf dass Du Wein schöpfen könntest! Die Kreatur ist nicht so mächtig, dass sie Dich Gottes berauben könnte oder auch nur der mindesten Gnade, wenn Du selbst willst… Willst Du Fische fangen, so lerne im Wasser waten; willst Du Jesum sehen am Gestade, so lerne vorher im Meer versinken! Und sähest Du den Himmel stürzen und die Sterne fallen, dennoch soll es Dich nicht verwirren: Gott selbst kann sich Dir nicht nehmen, willst Du es selbst, um wieviel minder die Kreatur. Hör, sieh, leid und schweig! Lass Dich in dem Licht, sieh mit Vernunft, lerne mit Klugheit, leide Dich mit Freuden, freue Dich mit Sehnsucht, habe Verlangen mit Langmütigkeit, klage niemandem.

Mein Kind, sei geduldig und lass, dieweil man Dir Gott nicht aus dem Grunde deines Herzens gräbt.

O tiefer Schatz, wie wirst du ausgegraben? O hoher Adel, wer kann dich erreichen? O quellender Brunnen, wer kann dich erschöpfen? O lichter Glanz, ausdringende Kraft, einfältige Zukehr, bloße Verborgenheit, verborgene Sicherheit, einige Stille in allen Dingen, mannigfaltiges Gut in einiger Stille, du stilles Geschrei, dich kann niemand finden, der dich nicht zu lassen weiß. Lass Dich, mein Kind, und danke Gott, der Dir solch eine Stätte gegeben hat.

Martin Luther

Martin Luther war stark von der deutschen Mystik beeinflusst. Als junger Theologieprofessor gab er sogar eine anonyme mystische Schrift heraus, die »Theologia Deutsch«. Seinen entscheidenden spirituellen und theologischen Durchbruch, der dann auch die Reformation einleitete, hatte er nach jahrelangen inneren Kämpfen als Mönch. Seiner »klösterlichen Sozialisation« folgend verstand Luther viel mehr von Meditation und Spiritualität als wir gemeinhin annehmen. Er war von den klösterlichen Gebetszeiten geprägt und hielt sich auch nach dem Austritt aus dem Kloster an diese Zeiten. Außerdem meditierte er täglich Texte aus der Heiligen Schrift und gab seine Erfahrungen auch an andere weiter. Im Text vom »vierfachen Kränzlein« sehen wir, wie Luther selbst gebetet hat.

Gleichwie die Sonne in einem stillen Wasser gut zu sehen ist und es kräftig erwärmt, kann sie in einem bewegten rauschenden Wasser nicht deutlich gesehen werden, auch erwärmt sie es nicht so sehr.

Darum willst auch du erleuchtet und warm werden durch das Evangelium, göttliche Gnade und Wunder sehen, dass sein Herz entbrannt, erleuchtet, andächtig und fröhlich werden, so gehe hin, wo du still sein kannst und das Bild dir tief ins Herz fassen kannst, da wirst du finden Wunder über Wunder.

Das vierfache Kränzlein

Wenn ich aber Zeit und Raum habe …, mache ich es mit den zehn Geboten auch so und hole ein Stück nach dem andern, damit ich ganz frei werde (soweit es möglich ist) zum Gebet. Und ich mache aus einem jeglichem Gebot ein vierfaches oder ein vierfach gedrehtes Kränzlein, so nämlich: Ich nehme jedes Gebot zum ersten als eine Lehre an, wie es denn an sich ist, und denke, was unser Gott darin so ernstlich von mir fordert. Zum zweiten mache ich eine Danksagung daraus, zum dritten eine Beichte, zum vierten ein Gebet, nämlich so oder mit dergleichen Gedanken und Worten:

»Ich bin der Herr dein Gott« usw. Du sollst keine anderen Götter haben neben mir« usw.

Hier denke ich erstlich, dass Gott herzliche Zuversicht zu ihm in allen Sachen von mir fordert und mich lehrt und es sein hoher Ernst ist, dass er wolle mein Gott sein, dass ich ihn dafür halten solle bei Verlust der ewigen Seligkeit und dass mein Herz auf nichts sonst solle bauen noch trauen, es sei Gut, Ehre, Weisheit, Gewalt, Heiligkeit oder irgendeine Kreatur.

Zum zweiten danke ich seiner grundlosen Barmherzigkeit, dass er sich so väterlich zu mir verlorenem Menschen hinuntersenkt und sich selbst ungebeten, ungesucht, unverdient mir anbietet, mein Gott zu sein, sich meiner anzunehmen und in allen Nöten mein Trost, mein Schutz, meine Hilfe und Stärke sein will. Wir armen, blinden Menschen haben doch sonst so mancherlei Götter gesucht und müssten sie noch suchen, wenn er sich nicht selbst so offenbar hören ließe und sich uns nicht in unserer menschlichen Sprache anböte, dass er unser Gott sein wolle. Wer kann ihm dafür immer und ewig genug danken?

Zum dritten beichte und bekenne ich meine große Sünde und Undankbarkeit, dass ich solche schöne Lehre und hohe Gabe durch mein ganzes Leben so schändlich verachte und mit unzähligen Abgöttereien seinen Zorn so greulich gereizet habe. Das tut mir leid, und ich bitte um Gnade.

Zum vierten bitte und spreche ich: Ach, mein Gott und Herr, hilf mir durch deine Gnade, dass ich dies dein Gebot möge täglich immer besser lernen und verstehen und mit herzlicher Zuversicht danach handeln. Behüte ja mein Herz, dass ich nicht mehr so vergesslich und undankbar werde, keine anderen Götter noch Trost weder auf Erden noch in allen Kreaturen suche, sondern allein, rein und fein bei dir, meinem einzigen Gott bleibe. Amen, lieber Herr Gott Vater, Amen.

Ignatius von Loyola

Ignatius von Loyola (1491-1556) war der Gründer des Jesuitenordens und »Erfinder« der Exerzitien. Seine »Geistlichen Exerzitien« haben bis heute eine gewaltige Wirkungsgeschichte. Sie sind im Wesentlichen klar angeleitete Übungen der Schriftbetrachtung mit Hilfe der Phantasie, aber auch Betrachtungen und Anleitungen zur Gewissenserforschung.

Der Mensch ist geschaffen dazu hin, Gott Unseren Herrn zu loben, Ihn zu verehren und Ihm zu dienen, und so seine Seele zu retten.

Die anderen Dinge auf Erden sind zum Menschen hin geschaffen und um ihm bei der Verfolgung seines Zieles zu helfen, zu dem hin er geschaffen ist. Hieraus folgt, dass der Mensch sie soweit zu gebrauchen hat, als sie ihm zu seinem Ziele hin helfen, und soweit zu lassen, als sie ihn daran hindern.

Darum ist es notwendig, uns allen geschaffenen Dingen gegenüber gleichmütig (indifferent) zu machen, überall dort, wo dies der Freiheit unseres Wahlvermögens eingeräumt und nicht verboten ist, dergestalt, dass wir von unserer Seite Gesundheit nicht mehr als Krankheit begehren, Reichtum nicht mehr als Armut, Ehre nicht mehr als Ehrlosigkeit, langes Leben nicht mehr als kurzes, und dementsprechend in allen übrigen Dingen, einzig das ersehnend und erwählend, was uns jeweils mehr zu dem Ziele hin fördert, zu dem wir geschaffen sind.

Franz von Sales

Franz von Sales (1567-1622) war Bischof von Genf und Mitbegründer des Salesianerinnenordens. Durch seine geistlichen
Schriften wurden viele Menschen zu einem geistlichen Leben
angeleitet.

Wenn dein Herz wandert oder leidet,
bring es behutsam an seinen Platz zurück
und versetze es sanft in die Gegenwart Gottes.
Und selbst wenn du in deinem Leben nichts getan hast,
außer dein Herz zurückzubringen und
es wieder in die Gegenwart unseres Gottes zu versetzen,
obwohl es jedesmal wieder fortlief,
nachdem du es zurückgeholt hattest,
dann hast du dein Leben wohl erfüllt.

Die Hauptübung der mystischen Theologie
besteht darin,
im Grunde des Herzens mit Gott zu reden
und Gott reden zu hören.
Und weil diese vertrauliche Unterredung
durch sehr heimliche Regungen
und Eingebungen vor sich geht, nennen wir sie das
Zwiegespräch des Schweigens;
das Auge spricht zum Auge, das Herz zum Herzen,
und niemand versteht, was gesprochen wird,
außer die heiligen Liebenden, die miteinander reden.

Gerhard Teerstegen

Gerhard Teerstegen (1697-1769) war der bedeutendste evangelische Mystiker. Von ihm sind heute fast nur noch seine Lieder
bekannt. Er war aber in seiner Zeit auch ein bedeutender geistlicher Schriftsteller und gesuchter Seelsorger. In seinen Gedanken
steht er der deutschen und der spanischen Mystik sehr nahe.
Zentral ist für ihn die »Gelassenheit«, das Lassen aller Wünsche,
Bilder und Eitelkeiten.

Wie es in der Ewigkeit kein Gestern, kein Morgen, sondern immer nur ein Heute gibt, so vermag eine Seele, die Gott innig nah gekommen ist, nicht mehr zurück und voraus zu denken. Es ist, als ob man einen Augenblick erlebte, der ewig dauert; man kann sich und seine Angelegenheiten, so körperliche als geistige, nicht mehr nach seiner eigenen Weisheit regieren, anordnen oder leiten, sondern muss sich hingeben; mit einem Worte: man muss ein kleines Kindlein werden und bleiben.

Gott ist gegenwärtig.
Lasset uns anbeten
und in Ehrfurcht vor ihn treten.
Gott ist in der Mitte.
Alles in uns schweige
und sich innigst vor ihn beuge.
Wer ihn kennt, wer ihn nennt,
schlag die Augen nieder; kommt, ergebt euch wieder.

Du durchdringest alles;
lass dein schönstes Lichte,
Herr, berühren mein Gesichte.
Wie die zarten Blumen
willig sich entfalten
und der Sonne stille halten,
lass mich so still und froh
deine Strahlen fassen und dich wirken lassen.

Mache mich einfältig,
innig, abgeschieden,
sanft und still in deinem Frieden;
mach mich reines Herzens,
dass ich deine Klarheit
schauen mag in Geist und Wahrheit;
lass mein Herz überwärts
wie ein´ Adler schweben und in dir nur leben.

Herr, komm in mir wohnen,
lass mein´ Geist auf Erden
dir ein Heiligtum noch werden;
komm, du nahes Wesen,
dich in mir verkläre,
dass ich dich stets lieb und ehre.
Wo ich geh, sitz und steh,
lass mich dich erblicken und vor dir mich bücken.

Aus den »Aufrichtigen Erzählungen eines russischen Pilgers«

Der russische Pilger lebte wohl in der Mitte des 19. Jahrhunderts. Seine »aufrichtigen Erzählungen« handeln von seiner Begegnung und seinen Erfahrungen mit dem Jesusgebet. Er erzählt von seinem Weg in einer bezaubernden Schlichtheit. Der folgende Text schildert, wie er auf einen geistlichen Meister (Starez) trifft, der ihn das Jesus-gebet lehrt, das ihm dann im Laufe der Zeit in Fleisch und Blut übergeht.

»Du hörst, wie uns die heiligen Väter für diesen Fall unterweisen«, sagte der Starez, »und darum musst du nun auch voller Vertrauen das Gebot auf dich nehmen und soviel du nur kannst, mündlich das Jesusgebet verrichten. Da hast du einen Rosenkranz; verrichte danach zunächst dreitausend Gebete an jedem Tage. Ob du stehst oder sitzt, ob du gehst oder liegst, wiederhole unablässig ›Herr Jesus Christus, erbarme dich meiner‹, nicht laut, ohne Übereilung; und tue dieses eben dreitausendmal am Tage, füge nichts hinzu, streiche aber auch nichts aus eigenem Ermessen. Gott wird dir hierdurch helfen, das unablässige Wirken des Herzens zu erlangen.«

Voller Freude nahm ich sein Gebot auf und ging wieder zurück an meinen Ort. Ich verrichtete das Gebet getreulich und genau, so wie es mich der Starez gelehrt hatte. Etwa zwei Tage fiel es mir schwer, kam mir aber dann so leicht und erwünscht von den Lippen, dass mich, wenn ich das Gebet nicht sprach, ein Verlangen ankam, das Jesusgebet wieder zu verrichten; und es sprach sich auch bequemer und leichter, nicht mehr so wie früher mit einer Nötigung dazu.

Dies teilte ich dem Starez mit und er gebot mir nunmehr, je sechstausend Gebete am Tage zu verrichten, und sagte: »Sei ruhig und bemühe dich nur, so getreulich als möglich die angesagte Zahl von Gebeten zu verrichten; Gott wird dir Gnade erweisen.«

Die ganze Woche hindurch verrichtete ich in meiner Schutzhütte alltäglich sechstausend Jesusgebete, bekümmerte mich um nichts sonst, achtete auch nicht der fremden Gedanken, wie sehr sie auch auf mich einströmten; nur darauf war ich bedacht, das Gebot des Starez genau einzuhalten. Und was geschah? Ich gewöhnte mich so sehr an das Gebet, dass ich, wofern ich auch nur für kurze Zeit unterließ, es zu verrichten, alsbald fühlte, dass mir irgend etwas fehlte, als habe ich irgendwas verloren; dann begann ich wieder zu beten und sogleich, im selben Augenblick, wurde mir leicht und freudig ums Herz. Wenn ich jemanden traf, so hatte ich schon keine Lust mehr, mit ihm zu sprechen, und hatte nur das Verlangen, immer in der Einsamkeit zu sein und das Gebet zu sprechen; so sehr hatte ich mich daran in der einen Woche gewöhnt.

Da der Starez mich wohl zehn Tage lang nicht bei sich gesehen hatte, kam er selber, mich aufzusuchen; ich offenbarte ihm meinen Zustand. Nachdem er mich angehört hatte, sagte er: »Nun hast du dich an das Gebet gewöhnt; sieh zu, dass du diese Gewohnheit wach erhältst und mehrest; verlier deine Zeit nicht müßig und entschließe dich mit Gottes Hilfe, von nun ab zwölftausend Gebete am Tage zu verrichten; erhalte dich in der Einsamkeit; stehe möglichst früh auf und geh möglichst spät schlafen; und komm zu mir, um dir Rat zu holen immer nach zwei Wochen.«

Ich tat so, wie mir der Starez befohlen hatte, und am ersten Tage wurde ich in später Abendstunde kaum damit fertig, meine Zwölftausendregel auszuführen. Tags darauf ging es aber schon ganz leicht und ich hatte Freude daran. Erst fühlte ich bei dem unentwegten Sprechen des Gebets Müdigkeit oder gleichsam ein Steifwerden der Zunge und eine Gebundenheit der Kinnbacken, was übrigens nicht unangenehm war, alsdann einen leichten, feinen Schmerz am Gaumen; außerdem empfand ich einen kleinen Schmerz im Daumen der linken Hand, mit der ich die Rosenkranzperlen zählte, und eine Entflammung des Handgelenks, die bis an den Ellenbogen hinaufreichte, was eine höchst angenehmes Empfinden war. Zudem reizte mich dies und zwang mich zu eifrigerer Verrichtung des Gebets. – Also verrichtete ich fünf Tage hintereinander getreulich je zwölftausend Gebete, und zugleich mit der Gewohnheit stellte sich auch ein angenehmes Empfinden und die Lust daran ein.

Einst früh am Morgen war es so, als habe mich das Gebet geweckt. Ich begann meine Morgengebete zu verrichten, aber die Zunge sprach sie nur ungeschickt aus, und mein ganzes Wünschen strebte ganz von selbst dahin, das Jesusgebet zu verrichten. Und als ich es dann zu sprechen begann, wie leicht wurde mir da, wie froh ums Herz, und es war so, als sprächen Zunge und Lippen die Worte ganz von selbst, ohne Nötigung! Den ganzen Tag über war ich voller Freude, und es war mir, als wäre mir alles andere in der Welt fremd; ich war gleichsam wie auf einer andern Erde, und mit Leichtigkeit gelang es mir, die zwölftausend Gebete bis zum frühen Abend zu verrichten. Mich kam große Lust an, das Gebet noch fortzusetzen; ich wagte es aber nicht, mehr zu tun, als mir der Starez befohlen hatte. So fuhr ich denn auch in den nächsten Tagen fort, den Namen Jesu Christi anzurufen, und dies geschah mit Leichtigkeit, und ich fühlte mich hingezogen zu selbigem Tun.

Dann ging ich zum Starez, um mich ihm zu offenbaren und erzählte ihm alles ausführlich.

Sören Kierkegaard

Sören Kierkegaard (1813-1855), dänischer Theologe, Philosoph und Schriftsteller war einer der Vorläufer der modernen Existenzphilosophen. In seiner Theologie und seinen Schriften ging er radikal von den Erfahrungen seiner eigenen Existenz aus und geriet dadurch in schroffen Gegensatz zur lutherischen Kirche seiner Zeit.

Als mein Gebet immer andächtiger und innerlicher wurde, da hatte ich immer weniger und weniger zu sagen. Zuletzt wurde ich ganz still. Ich wurde, was womöglich noch ein größerer Gegensatz zum Reden ist, ich wurde ein Hörer. Ich meinte erst, Beten sei Reden. Ich lernte aber, dass Beten nicht bloß Schweigen ist, sondern Hören. So ist es: Beten heißt nicht sich selbst reden hören. Beten heißt: still werden und still sein und warten, bis der Betende Gott hört.

Dag Hammerskjöld

Dag Hammerskjöld (1905-1961) war schwedischer Diplomat und von 1953-1961 UNO-Generalsekretär. Seine nach seinem Tode erschienenen Tagebücher offenbarten ihn als tiefgründigen Mystiker.

Ich sitze hier vor dir, Herr
aufrecht und entspannt, mit geradem Rückgrat.
Ich lasse mein Gewicht senkrecht
durch meinen Körper hinuntersinken
auf den Boden, auf dem ich sitze.

Ich halte meinen Geist fest in meinem Körper.
Ich widerstehe seinem Drang,

aus dem Fenster zu entweichen,
an jedem anderen Ort zu sein als an diesem hier,
in der Zeit nach vorn und hinten auszuweichen,
um der Gegenwart zu entkommen.
Sanft und fest halte ich meinen Geist dort,
wo mein Körper ist:
hier in diesem Raum.

In diesem gegenwärtigen Augenblick
lasse ich alle meine Pläne, Sorgen und Ängste los.
Ich lege sie jetzt in deine Hände, Herr.
Ich lockere den Griff, mit dem ich sie halte,
und lasse sie dir.
Für den Augenblick überlasse ich sie dir.
Ich warte auf dich - erwartungsvoll.
Du kommst auf mich zu,
und ich lasse mich von dir tragen.

Ich beginne die Reise nach innen.
Ich reise in mich hinein,
zum innersten Kern meines Seins, wo du wohnst.
An diesem tiefsten Punkt meines Wesens
bist du immer schon vor mir da,
schaffst und belebst, stärkst ohne Unterlass
meine ganze Person.

Und nun öffne ich meine Augen,
um dich in der Welt
der Dinge und Menschen zu schauen.
Ich nehme die Verantwortung für meine Zukunft
wieder auf mich.
Ich nehme meine Pläne, meine Sorgen,
meine Ängste wieder auf.
Ich ergreife aufs neue den Pflug.
Aber nun weiß ich,

dass deine Hand über der meinen liegt
und ihn mit der meinen ergreift.
Mit neuer Kraft trete ich die Reise
nach außen wieder an,
nicht mehr allein,
sondern mit meinem Schöpfer zusammen.

Thomas Merton

Thomas Merton (1915-1968), amerikanischer Trappistenmönch war nicht nur ein Mystiker, der westliche und östliche Spiritualität miteinander verband, sondern auch Mitbegründer der amerikanischen Friedensbewegung und Wegbereiter einer neuen Spiritualität in vielen Klöstern der USA.

Das verborgene innere »Ich« hat keine Pläne und will nichts verwirklichen, nicht einmal die Kontemplation. Dieses »Ich« will nur sein und »lebendig-sein« nach den Eingebungen der höchsten Freiheit, die Gott ist – denn sie ist ja im Innersten »Tätig-, Lebendig-, Bewegung-sein«.

Es gleicht einem scheuen Tier der Wildnis, das sich niemals vor einem Fremden zeigt, das erst aus dem Wald kommt, wenn alles in Frieden, in Schweigen liegt, wenn es unbelästigt, alleine ist. Es kann von niemandem herausgelockt werden, weil es nur der Verlockung der göttlichen Freiheit folgt.

Henri J. M. Nouwen

Henri Nouwen (1932-1996) war Professor für Pastoraltheologie und Psychologie an der Yale und Harvard-Universität in den USA, bis er 1986 sein Lehramt aufgab und sich der von Jean Vanier gegründeten »Arche«-Bewegung eines gemeinsamen Lebens mit Behinderten anschloss. Er gehört zu den bekanntesten geistlichen Schriftstellern der Gegenwart. Sein Buch »Die innere Stimme der Liebe«, dem ich den folgenden Text entnommen habe, ist eine Sammlung »geistlicher Imperative«, die Nouwen in einer Krisenzeit an sich selbst richtete.

Vertrau auf den Ort des Einsseins

Du bist aufgerufen, von einem neuen Ort aus zu leben, einem Ort, der jenseits deiner Emotionen, Leidenschaften und Gefühle liegt. Solange du inmitten deiner Emotionen, Leidenschaften und Gefühle lebst, werden dich immer wieder Einsamkeit, Eifersucht, Angst, Verärgerung, ja Wut befallen, weil es die ganz selbstverständliche Reaktion auf Ablehnung und Im-Stich-gelassen-Sein ist.

Du musst darauf vertrauen, dass es einen anderen Ort gibt, an den dich deine geistlichen Begleiter führen möchten, einen Ort, an dem du sicher und geborgen bist. Vielleicht ist es falsch, sich diesen neuen Ort jenseits der Emotionen, Leidenschaften und Gefühle vorzustellen. Der Ausdruck jenseits könnte darauf schließen lassen, dass es diese menschlichen Gefühle dort nicht gibt. Versuche vielmehr, dir diesen Ort als innerste Mitte deines Seins vorzustellen: dein Herz, das in Wahrheit der Ursprung aller Gefühle ist. Von diesem Ort aus kannst du wahrhaftig fühlen, denken und handeln.

Es ist gar nicht zu verstehen, dass du dich vor diesem Ort fürchtest. Du kennst ihn doch kaum! Du hast von ihm nur den Hauch einer Ahnung. Du bist manchmal an diesem Ort gewesen, aber die meiste Zeit deines Lebens hieltst du dich bei deinen Emotionen, Leidenschaften und Gefühlen auf und hast bei ihnen inneren Frieden und innere Freude gesucht.

Zudem hast du diesen neuen Ort noch nicht ganz als den Ort erkannt, an dem Gott wohnt und dich hält. Du fürchtest, dass dieser wahre Ort in Wirklichkeit ein gähnender Abgrund ist, der alles, was du hast und bist, in die Tiefe zieht. Fürchte dich nicht! Vertrau darauf, dass der Gott des Lebens dich in deine Arme schließen und dir wahre Sicherheit und Geborgenheit geben möchte. (…) Du bist aufgerufen, eins zu sein. Das ist die frohe

Botschaft der Menschwerdung. Das Wort ist Fleisch geworden und damit ist ein neuer Ort geschaffen, an dem alles von Gott wohnen kann. Wenn du zu dieser Einheit gefunden hast, wirst du in Wahrheit frei sein.

Ernesto Cardenal

Ernesto Cardenal (geb. 1925), geistlicher Schüler von Thomas Merton, ist Priester, Dichter, Mystiker und Revolutionär. Wegen seiner Mitgliedschaft in der sandinistischen Regierung Nicaraguas wurde er 1985 vom Priesteramt suspendiert. Mit seiner Verbindung aus Marxismus, Befreiungstheologie und Mystik, wie sie in seinen Büchern »Das Evangelium der Bauern von Solentiname«, »Das Buch von der Liebe« und den »Lateinamerikanischen Psalmen« zum Ausdruck kommt, wurde er weltbekannt.

Die menschliche Seele ist schon verliebt, wenn sie geboren wird, in einen Geliebten, den sie nie gesehen hat. Es liegt aber ein Widerschein dieses Geliebten auf allen Dingen und so möchten wir von Geburt an alle Dinge umarmen. Das Kind streckt seine Ärmchen nach allem aus, was es sieht, und alles, was es anfasst, steckt es in den Mund; es will alles berühren und verschlucken. Wenn es ein wenig größer geworden ist, umklammert es seine Spielsachen und der erwachsene Mann klammert sich weiterhin und erst recht an alle Dinge. Aber er wird nie befriedigt, weil das, was er umarmt, nicht Gott ist, es sei denn, er ließe eines Tages alle Dinge fahren und klammere sich nur noch an Gott. Gott aber findet man nur im Nichts. Dort, wo die Dinge nicht mehr existieren, da ist Gott.
Die Dinge lassen sich nicht besitzen und lassen uns darum unbefriedigt. »O Welt, dass ich dich nicht ganz umfassen kann!« ruft Edna Saint Vincent Millay, die Dichterin, die so sehr die Umarmung besang. Das ist die große Unruhe des menschlichen Herzens, die Welt besitzen zu wollen und sie nicht besitzen zu können (wie

Alexander, der weinte, weil er die Sterne nicht erobern konnte). In der Liebe versuchen wir, auch den menschlichen Körper zu besitzen, und auch er lässt sich nie ganz erobern. Nur Gott lässt sich umarmen, weil die Arme der menschlichen Seele zum Umfassen des Unendlichen und zu nichts sonst erschaffen sind.

Gott gibt das Glück der Lust und die Trunkenheit des Weins, ohne dass Lust oder Wein dazu nötig wären. In Ihm ist die Essenz der Trunkenheit. Er ist alle Lust und alle Freuden und alles Ergötzen in unendlichem Maße und nicht wie die Schatten der Lust, der Freude, der Liebe, denen wir nachgejagt sind.

In Ihm ist die Schönheit aller Frauen, der Geschmack aller Früchte, die Trunkenheit aller Weine und die Bitterkeit und Süße aller irdischen Liebe vereint, und wer nur einen Tropfen von Gott kostet, der bleibt verzückt für immer.

Ein Mensch, der diese Seligkeit geschmeckt hat, kann nicht mehr dasselbe Leben weiterführen wie vorher, er kann nicht mehr jeden Tag brav in sein Büro gehen und allen menschlichen Konventionen folgen. Er ist ein Mensch, der plötzlich närrisch geworden ist und der anfängt, Torheiten zu begehen: vielleicht läuft er in Lumpen auf die Straße oder mit einer Büßermütze, damit die Leute über ihn lachen. Vielleicht fängt er an, auf den Straßen zu predigen, schließt sich für den Rest eines Lebens in einer Zelle ein oder geht die Leprakranken küssen. Das ist, was die Leute eine »Konversion« nennen.

Thich Nhat Hanh

Mit Thich Nhat Hanh, einem vietnamesischen Zen-Lehrer, der in Frankreich lebt und in Europa derzeit sehr gefragt ist, soll hier auch ein Vertreter des Buddhismus zu Wort kommen.

Achtsamkeit

Ich entsinne mich einer kurzen Unterhaltung zwischen dem Buddha und einem zeitgenössischen Philosophen:

»Ich habe gehört, der Buddhismus sei eine Erleuchtungslehre. Worin besteht die Methode? Wie sieht deine tägliche Praxis aus?«

»Wir gehen, wir essen, wir waschen uns, wir setzen uns...«

»Was soll daran Besonderes sein? Jeder geht, isst, wäscht sich, setzt sich...«

»Mein Herr, wenn wir gehen, achten wir auf das Gehen; wenn wir essen, achten wir auf das Essen... Wenn andere gehen, essen, sich waschen oder sich setzen, achten sie gewöhnlich nicht auf das, was sie tun.«

Die Achtsamkeit wirft ihr Licht auf alle Dinge. Das ist der Ausgangspunkt. Wenn ich ohne Achtsamkeit lebe, lebe ich, wie Albert Camus in seiner Novelle »Der Fremde« sagt, »wie ein Toter«. Die alten Zen-Meister pflegten zu sagen: »Wenn wir in Selbstvergessenheit leben, sterben wir im Traum.« Wie viele von uns leben »wie Tote«! Das allererste, was wir tun müssen, ist: wieder lebendig werden, aufwachen und auf alles, was wir tun, genau achten. Sind wir mit voller Acht-samkeit dabei, wenn wir essen, trinken, bei der Meditation sitzen? Oder vergeuden wir unsere Zeit, weil wir zerstreut und selbstvergessen sind?

Die Achtsamkeit bringt die Kraft der Konzentration hervor. Sie hilft uns, unsere Aufmerksamkeit auf das zu richten, was wir jeweils gerade tun, und folglich zu wissen, was wir tun. Gewöhnlich sind wir Gefangene unserer Gesellschaft. Unsere Energien sind überall verstreut. Unser Körper und unser Geist sind nicht in Harmonie miteinander. Wenn man anfängt, sich dessen genau bewusst zu sein, was man tun, sagt und denkt, macht man auch den Anfang damit, einen Damm gegen das Überschwemmtwerden von seiner Umgebung und von all seinen falschen Wahrnehmungen aufzubauen. Hat man die Lampe der Achtsamkeit eingeschaltet, so leuchtet man sein ganzes Wesen aus, und alles, was sich darin einstellt, jeder Gedanke und jedes Gefühl, wird ebenfalls genau beleuchtet. Dadurch entwickelt man wieder Selbstvertrauen, wird nicht mehr von den Schattenbildern seiner Illusionen überwältigt und entwickelt seine Konzentration zu voller Stärke. Man wäscht seine Hände, zieht sich an und verhält sich in allem genau wie vorher – aber jetzt ist man sich dessen, was man tut, redet und denkt, klar bewusst.

Die Praxis der Achtsamkeit ist keineswegs nur eine Übung für Novizen. Jeder muss sie sein Leben lang üben, sogar der Buddha selbst. Die Macht der Achtsamkeit und der Konzentration ist die spirituelle Kraft, die alle großen Männer und Frauen in der Geschichte der Menschheit erfüllt hat.

Jörg Zink

Jörg Zink, Jahrgang 1922, Pfarrer und Schriftsteller veröffentlicht seit über dreißig Jahren zahlreiche und weit verbreitete Bücher zu Themen der Bibel und des christlichen Glaubens.

Schweigen

Was geschieht aber dort, wo wir in den Raum der Kontemplation eintreten? Wir können es beschreiben als »Gebet«. Aber was ist das Gebet?

Im allgemeinen ist es für uns ein Reden des Herzens oder ein Reden des Mundes. Dass geredet wird, macht das Gebet aus. Und das ist gut. Wir treten, indem wir sprechen, aus uns selbst heraus und begegnen dem großen Du Gottes. Die Mühe, die wir damit haben, ist aber eben die, dass wir dabei immer etwas sagen müssen, etwas formulieren, etwas, wozu Worte fehlen, in Sprache zu fassen versuchen. Und manchmal werden die gesprochenen Gebete deshalb so leer und so formelhaft. Ich habe aber im Lauf meines Lebens mehr und mehr gefunden, dass ich auch vor Gott sein kann, ohne zu reden. Wenn ich glaube, dass Gott mein Wort hört, dann ist mein Wort im Grunde unnötig. Dann hört Gott auch, was ich denke, ohne es auszusprechen. Dann sieht Gott, was in mir ist, und nimmt mich an, wie ich, ohne Wort, vor ihm anwesend bin, mich vor ihm ausbreite, ohne mich oder irgendetwas in mir zu verbergen. Wenn Menschen um mich sind, die von mir Worte des Gebets brauchen, dann bete ich mit Worten; aber mein eigenes Gebet wurde im Lauf meines Lebens immer leiser, bis es fast nur noch in meiner wortlosen Gegenwart vor Gott besteht, einem wortlosen Hören auf das, was Gott redet, und einem wortlosen Nachsprechen dessen, was Gott mir sagt.

(...)

Bin ich »in Gott«, so weiß ich mich von allen Seiten umgeben und umfangen. Ich bin an einem Ort unendlicher Ruhe und Geborgenheit. Ich verlasse mich selbst und finde mich in Gott. Ich wende mich im schweigenden Gebet von mir selbst weg in die Unendlichkeit Gottes. Ich werde weit und groß.

Das Kloster jenseits der Zeit

Die folgende Geschichte stammt aus der Feder eines zeitgenössischen amerikanischen Zisterziensermönchs, der anonym bleiben will und sich darum einfach »Theophan der Mönch« nennt. Seine Geschichten, die unter dem Titel »Das Kloster jenseits der Zeit« 1997 in deutscher Sprache erschienen sind, sind eigenwillig, manchmal surrealistisch und geben den Leserinnen und Lesern etwas zu kauen.

Zu Boden oder auf den Grund gegangen

Als Kind lebte ich ganz in der Nähe des Klosters jenseits der Zeit. Jeden Samstag ging ich hin. Meistens schwamm ich in dem See, der zum Kloster gehört. Ein phantastischer See! Einmal hineingeglitten, stellt man fest, dass er die Ausmaße eines Weltmeeres hat.

Ich tauchte weit und weiter hinab. Ich brauchte etliche Stunden, um zum Grund zu gelangen. Dort unten lebten drei Meerjungfrauen, mit denen ich mich mit der Zeit anfreundete. Wir hatten eine Menge Spaß zusammen. Wir haben viel herumgetollt. Tollen und Tanzen unter Wasser ist etwas ganz Besonders.

Wir machten Jagd auf versunkene Schätze und trugen reichlich Beute davon. Unter Verbeugungen schenkten wir sie uns gegenseitig; wertvolle Edelsteine oder Korallen oder Treibholz oder irgend etwas, das jemand weggeworfen hatte. Jedes dieser Geschenke war weit kostbarer als Geld. Und immer hatten wir zusammen etwas zum Lachen. Bei Einbruch der Nacht musste ich zurück sein. Sonntags war Kirche, montags bis freitags Schule. Ich lebte wohl für meine Samstage.

Das blieb nicht ohne Auswirkungen. Einige Leute meinten, ich sei ein stilles Wasser. Andere sagten, ich sei noch nicht trocken hinter den Ohren. Wieder andere zerbrachen sich den Kopf darüber, warum ich soviel in der Versenkung verschwunden war und luden mich ein, öfter bei ihnen aufzutauchen.

Dann kam der Tag, an dem einer der Mönche mir beschied, ich sei nun zu alt, um in dem See zu schwimmen. Das wollte mir nicht in den Kopf. Was hatte mein Alter damit zu tun? Und welchen Grund hätte ich gehabt, überhaupt noch zum Kloster jenseits der Zeit zu gehen, wenn ich nicht im See schwimmen durfte? Ich ging nicht mehr hin. Viele Jahre ging ich nicht mehr hin.

Gestern war ich wieder dort. Das kam so: Ich bin inzwischen, muss man wissen, ein gefragter Buchautor und Refe-rent geworden. Gestern brillierte ich mit dem Vortrag meiner Karriere. Er übertraf alle Erwartungen.

In allen Zeitschriften wird man ihn drucken. Man sprach davon, wie wahrhaft tiefgründig er war. Aber als ich zuhause versunken in meinem Lehnsessel saß, überkam mich der Gedanke: »Wenn ich ehrlich bin: habe ich wirklich soviel Tiefgang?« Vom Fleck weg kehrte ich zurück zu meinem Kloster jenseits der Zeit, lief hinunter zum Wasser und stieß tief, tief, immer tiefer hinab.

Ganz unten, auf dem Meeresboden, traf ich meine Freundinnen von früher. Die Meerjungfrauen waren entzückt, mich wiederzusehen, und umgekehrt war ich es ebenso. Sie wollten alles darüber wissen, was aus mir geworden war. Ich erzählte ihnen von meiner steilen Karriere, von meinen Büchern und Vorträgen. Als sie mich wegen immer noch mehr Auskünften bedrängten, sagte ich:«Zum Glück habe ich meine Aktentasche bei mir.« (Tatsächlich trage ich sie stets bei mir, sogar beim Schwimmen.) »Am besten lest ihr selbst. Hier sind ein paar von meinen Vorträgen, darunter einer, den ich just heute gehalten habe, vor einem besonders wichtigen Publikum.«

Eine von den dreien nahm das Manuskript und las laut vor. Die anderen – ich fand das ziemlich unverschämt – fingen prustend an zu lachen. Angesichts meiner augenscheinlichen Verlegenheit baten sie zwar um Verzeihung, aber schon im nächsten Augenblick barsten sie wieder vor Lachen. Nun denn. In der Tiefe des Meeres, das muss man wissen, breitet sich Gelächter rasant aus. Binnen kürzester Zeit nahmen alle Arten von Meeresbewohnern die Schwingungen wahr und kamen heran, um bei dem Spaß dabeizusein. Schließlich konnte sogar ich selbst nicht anders, als mich von dem Lachen anstecken zu lassen. Als die Meerjungfrau weiter aus meinem Meisterwerk vorlas, war das ganze Meer durchflutet von Wellen gewaltigen Lachens. Außer den Meerjungfrauen und mir waren Rochen und Störe,

Delphine und Haie, Wale und Kraken, Knurrhähne, Flundern, Schwämme und Gott weiß was noch alles versammelt.

Als wir schließlich alle völlig erschöpft verstummten, konnte man die Stille hören. Kein Schweigen ist wie das Schweigen der Tiefe des Meeres. Es wäre furchtbar gewesen, dort allein zu sein.

Angebote
und Adressen

Deutschland

Exerzitienhaus Maria Frieden
Lüdickeweg 5, 14089 Berlin

Haus der Stille
Am kleinen Wannsee 9, 14109 Berlin

Karmel St. Teresa
Schützenstraße 12-15, 16547 Birkenwerder

Haus der Stille
17498 Weitenhagen (Greifswald)

Haus St. Ansgar, Kloster Nütschau
Schlossstraße 2, 23843 Travenbrück

Loccumer Arbeitskreis für Meditation e.V. (LAM)
Evangelische Akademie, 31547 Rehburg-Loccum

Haus Cassian, Am Möncheberg
Auf der Heide 5, 18 u. 24, 31840 Hessisch-Oldendorf
Haus der Stille
Kastanienallee 6, 39291 Möser (bei Magdeburg)

Pfr. Manfred Rompf (Beauftrager für Meditation
der Evang. Kirche im Rheinland)
Kupferdreher Str. 125, 45257 Essen

Benediktushof
Mauritz-Lindenweg 63, 48145 Münster

Maria im Kapitol (kath. Pfarrgemeinde)
Marienplatz 17/19, 50676 Köln

Edith-Stein-Exerzitienhaus des Erzbistums Köln
Michaelsberg, 53721 Siegburg

Ökumenischer Arbeitskreis Meditation, Frankfurt a.M.
Lutz Lemhöfer, Eschenheimer Anlage 21, 60318 Frankfurt

Berneuchener Haus, Kloster Kirchberg
72172 Sulz/Neckar

Benediktinerabtei Neresheim
Pater Beda Müller, 73450 Neresheim

ephata München, Stille – Sammlung – Begegnung
c/o Monika Baumgärtner, Ismaninger Str. 94, 81675 München

Gruppe geistlicher BegleiterInnen,
Initiative evangelischer und katholischer ChristInnen
c/o Michael Bajorat, Johann-Baader-Str. 26, 82398 Polling

Schloss Altenburg, Haus der Stille
Altenburg 6, 83620 Feldkirchen-Westerham

Kontemplationshaus Nürnberg
Rennweg 50, 90489 Nürnberg

Meditationshaus St. Franziskus
Klostergasse 8, 92345 Dietfurt/Altmühltal

Haus St. Benedikt
St.-Benedikt-Straße 3, 97072 Würzburg

Communität Casteller Ring,
Schloß Schwanberg, 97348 Rödelsee

Benediktinerabtei Münsterschwarzach – Gästehaus
97359 Münsterschwarzach

Österreich

Informationen und Adressen über:
Pastoralamt der Erzdiözese Wien
Exerzitienreferat, A-1010 Wien

Schweiz

Informationen und Adressen über:
»Kursbuch – Bildung und Besinnung« erhältlich bei:
Arbeitsstelle der Schweizer Katholiken, Hirschengraben 13
Postfach 2069, CH- 6002 Luzern

Weitere Adressen in dem Prospekt
Christliche Meditation im süddeutschen Raum
Maria Brunnhuber, Kardinal-Döpfner-Haus
Domberg 27, 85354 Freising

sowie in den Büchern
Meditieren – wie und wo. Ein Führer mit 500 Adressen von
Lehrern, Häusern und Zentren. Hrsg. v. Peter Raab, Herder
Verlag Freiburg, 225 S., 2. Aufl. 1995

Gerhard T. Schindler: Klosterführer. 270 spirituelle
Zentren.Deutschland, Österreich, Schweiz, Knaur Verlag 1994

*sowie bei den katholischen Erzbistümern
und evangelischen Landeskirchen.*

Ausgewählte
weiterführende Literatur

Bücher mit praktischen Anleitungen

Anne Granda/Inge Jaumann/Leonore Körner: Exerzitien im Alltag.
Geistliche Übungen für Advent, Fastenzeit und andere Anlässe
im Jahr. Hrsg. v. Günther Lohr, Kösel Verlag, München 1998,
212 S.

> Das aktuellste Buch zu Exerzitien im Alltag. Es enthält das
> von der Erzdiözese München und Freising entwickelte Exer-
> zitienmodell. Neben einleitenden Tips bietet es praktische
> und gut nachvollziehbare Meditationsanleitungen zur
> Advents- und Passionszeit sowie Anregungen für andere Fest-
> zeiten des Kirchenjahres.

Anselm Grün: Exerzitien für den Alltag. Meditationen, Anleitung
zur Übung. Münsterschwarzacher Kleinschriften Band 106, Vier
Türme Verlag, Münsterschwarzach 1996, 97 S.

> Sehr empfehlenswert für alle, die an Exerzitien im Alltag in-
> teressiert sind. Das Buch enthält zwölf Meditationen, die je-
> weils von einem Bibeltext ausgehen, zu einfachen und hilfrei-
> chen Übungen anleiten und zum eigenen Gebet hinführen. Die
> Texte sind leicht lesbar und einfach geschrieben.

Franz Jalics: Kontemplative Exerzitien. Eine Einführung in die
kontemplative Lebenshaltung und das Jesusgebet, Echter Verlag,
Würzburg, 1994, 400 S.

> Das Buch − entstanden aus jahrzehntelanger Kurspraxis − ist
> eine sehr ausführliche Anleitung zu Exerzitien im Alltag. Es
> ist klar aufgebaut und durchstrukturiert. Für jeden der zehn
> Schritte bietet der Autor eine theologisch-geistliche Anspra-
> che, Meditationsanleitungen und Aufzeichnungen aus Ge-
> sprächen mit Kursteilnehmern, die auf Fragen und Probleme
> eingehen.

Emmanuel Jungclaussen: Schritte in die innere Welt, Geistliche Übungen zu Texten der Heiligen Schrift und der mystischen Überlieferung, 2 Bde., Verlag Vandenhoeck & Ruprecht, Göttingen, 2. Aufl. 1997, Zus. 270 S. (auch Einzelbände erhältlich).

Spirituelle Auslegungen zentraler biblischer und mystischer Texte. Der Autor, Abt des Benediktinerklosters Niederaltaich, ist stark von der ostkirchlichen Spiritualität und vom Jesusgebet geprägt. Seine Texte enthalten leider keine konkreten Anweisungen und Übungen, dafür aber konzentrierte und tiefgründige Betrachtungen.

Anthony de Mello: Meditieren mit Leib und Seele. Neue Wege der Gotteserfahrung, Verlag Butzon & Bercker, Kevelaer, 8. Aufl. 1996, 180 S.

Eines der klassischen Meditationsbücher. De Mello verbindet den Reichtum östlicher und christlicher Meditation. In insgesamt 44 Übungen leitet er an zu Wahrnehmungsübungen, Phantasieübungen und Andachten (Jesusgebet, ignatianische Meditation) an.

Kallistos Ware/Emmanuel Jungclaussen: Hinführung zum Herzensgebet, Herder Verlag, Freiburg, 7. Aufl. 1997, 127 S.

Gut geeignet für alle, die das Herzensgebet üben wollen. Das Buch schildert Wurzeln, Hintergründe und Praxis.

Mandalameditation

Bruno Dörig: Schenk dir ein Mandala, Heft 1 und 2, Verlag am Eschbach, Eschbach 1988, jeweils 32 Seiten

Marion und Werner Küstenmacher: Energie und Kraft durch Mandalas. Ein Ausmalbuch mit neu entdeckten Ornamenten und Mandalas aus sechs Jahrtausenden. Ludwig Verlag, München 1988, 200 S.

Beide Bücher enthalten einen Textteil, in dem die Bedeutung und der Umgang mit Mandalas behandelt werden sowie zahlreiche Malvorlagen mit anregenden Meditationstexten.

Begleitende »spirituelle Lektüre«

Aufrichtige Erzählungen eines russischen Pilgers, herausgegeben und eingeleitet von Emmanuel Jungclaussen, Herder Verlag, Freiburg, 5. Auflage 1997, 240 S.
  Ein anonymer russischer Pilger erzählt mit bezwingender Naivität von seinen Erfahrungen mit dem Herzensgebet. Ein Buch, das mich immer wieder sehr anrührt.

Anselm Grün: Der Anspruch des Schweigens, Münsterschwarzacher Kleinschriften Band 11, Vier Türme Verlag, Münsterschwarzach 1984, 66 S.
  Anselm Grün schildert das Schweigen als Mittel im Kampf gegen Sünde und Laster, als Weg des Loslassens und als Offenheit für Gott. Schön an diesem Büchlein ist, dass ungewöhnliche und kaum bekannten Texte der alten Wüstenväter behandelt und fruchtbar gemacht werden.

Henri J.M Nouwen: Die innere Stimme der Liebe. Aus der Tiefe der Angst zu neuem Vertrauen, Herder Verlag, Freiburg, 4. Aufl. 1998, 125 S.
  Wie alle Bücher von Henri Nouwen ein sehr persönliches Buch. Es enthält Reflexionen und »geistliche Imperative«, die Henri Nouwen in einer seelischen und spirituellen Krisenzeit zunächst für sich selbst verfasst hat.

Henri J.M Nouwen: Ich hörte auf die Stille. Sieben Monate im Trappistenkloster, Herder Verlag, Freiburg, 15. Auflage 1996, 204 S.
  Nouwen berichtet von seinen Erfahrungen und Schwierigkeiten mit dem Schweigen, in denen man sich mit seinen eigenen Problemen gut wiederfinden kann.

David Steindl-Rast: Die Achtsamkeit des Herzens. Ein Leben in Kontemplation, Goldmann Verlag, München 1988, 155 S.
  Der Autor ist Benediktinermönch. Sein besonderer Zugang zur Mystik ist der Weg über die Sinne und die Sinnlichkeit. Besonders anziehend sind seine tiefsinnigen Auslegungen japanischer Haikus und einiger Gedichte von Rilke.

Theophan der Mönch: Das Kloster jenseits der Zeit. Verzauberte Geschichten zwischen Himmel und Erde, Herder Verlag, Freiburg 1997, 100 S.

Ein Buch mit »spirituellen Geschichten«, die manchmal überraschend nüchtern und manchmal unerwartet heiter ausgehen, aber immer anders sind als die »frommen« Geschichten, die jeder schon kennt. Autor ist ein anonymer Zisterziensermönch.

Theologisch weiterführende Bücher

Ludwig Frambach: Identität und Befreiung in Gestalttherapie, Zen und christlicher Spiritualität, Verlag Via Nova, Petersberg 1993, 420 S.

Wissenschaftliche Dissertation des Verfassers. Frambach untersucht die Methode der Gestalttherapie, die Zen-Meditation und christliche spirituelle Wege. Er entdeckt verblüffende Parallelen und reflektiert diese theologisch. Für alle, die sich theologisch mit Meditation und Spiritualität auseinandersetzen wollen, ein sehr gewinnbringendes Buch.

Jörg Zink: Dornen können Rosen tragen. Mystik – die Zukunft des Christentums, Kreuz Verlag, Stuttgart 1997, 415 S.

Zink schildert die Weite und Tiefe mystischer Erfahrung, die für ihn ins Zentrum eines zukunftsfähigen Christentums gehört. Er entwickelt seine Gedanken und Erkenntnisse im Gespräch mit der Tradition und verbindet sie mit Aussagen des Neuen Testaments. Texte der großen christlichen Mystiker und Mystikerinnen runden das Buch ab.

Quellenverzeichnis

Wir danken den Verlagen und Autoren für die Abdruckgenehmigung ihrer Texte. Leider war es nicht in allen Fällen möglich, etwaige Rechtsinhaber festzustellen. In einem solchen Fall bitten wir freundlich darum, sich mit dem Verlag in Verbindung zu setzen.

S. 66   © *Kurt Marti*

S. 67   *Anselm Grün,* Selbstwert entwickeln – Ohnmacht
             meistern. Spirituelle Wege zum inneren Raum.
             Kreuz Verlag, Stuttgart, S. 61.

S. 69   *Max Löwenthal,* Im Fallen. Salzburg: Verlag Anton
             Pustet. 1979, S. 104.

S. 70   *Sr. Kyrilla Spieker.* Rechte bei der Autorin.

S. 72   *Hanns Dieter Hüsch,* Das Schwere leicht gesagt. 1991
             © tvd-Verlag Düsseldorf.

S. 79   *Paul Celan,* Gedichte II. Suhrkamp Verlag, Frankfurt am Main, 1975, S. 328.

S. 80/81   *Pablo Neruda,* Das lyrische Werk Bd. III. © 1986
             Hermann Luchterhand Verlag GmbH & Co. KG,
             Darmstadt und Neuwied, jetzt; Luchterhand
             Literaturverlag GmbH, München.

S. 91   *Martin Buber,* Der Weg des Menschen nach der
             chassidischen Lehre. Lambert Schneider im Bleicher
             Verlag, Gerlingen, 12. Aufl. 1996.

S. 106–109   *Aufrichtige Erzählungen eines russischen Pilgers.*
             Hrsg. und eingel. von E. Jungclaussen. Herder
             Spektrum Bd. 4156. Verlag Herder, Freiburg,
             24. Gesamtauflage 1998.

S. 109–111   *Dag Hammerskjöld,* Zeichen am Weg. Deutsche
             Ausgabe © 1965 Droemer Knaur Verlag, München.

S. 112/113   Henri J.M. Nouwen, Die innere Stimme der Liebe.
             Verlag Herder, Freiburg 4. Auflage 1998.

S. 113/114   *Ernesto Cardenal,* Das Evangelium der Bauern von
             Solentiname. Peter Hammer Verlag, Wuppertal 1980.

S. 115/116 *Thich Nhat Hanh,* Schlüssel zum Zen. Herder/
            Spektrum Bd. 4570. Verlag Herder, Freiburg,
            2. Gesamtauflage 1997.
S. 116/117 *Jörg Zink,* Dornen können Rosen tragen. Mystik –
            Die Zukunft des Christentums. Kreuz Verlag, Stutt-
            gart, S. 372f.
S. 117–120 *Theophan der Mönch:* Das Kloster jenseits der Zeit.
            Verlag Herder, Freiburg 1997.

Bildnachweis

Andreas Ebert (S. 37)
Photo AKG, Berlin (S. 50)
Horst Jürgen Schunk, Coburg (S. 64)
Presse-Bild-Poss (S. 75)